대한민국에서
광고 홍보인이 되는 법

대한민국에서 광고홍보인이 되는 법

초판 1쇄 발행 2014년 8월 29일
초판 2쇄 발행 2019년 8월 9일

지은이 잡코리아 좋은일 연구소

발행인 이재진 **단행본사업본부장** 김정현 **편집주간** 신동해
마케팅 이현은 권오권 **홍보** 박현아 최새롬
국제업무 최아림 박나리 **제작** 정석훈

브랜드 웅진윙스
주소 경기도 파주시 회동길 20
주문전화 02-3670-1595 **팩스** 031-949-0817
문의전화 031-956-7421(편집) 031-956-7068(영업)
홈페이지 www.wjbooks.co.kr
페이스북 www.facebook.com/wjbook
포스트 post.naver.com/wj_booking

발행처 ㈜웅진씽크빅
출판신고 1980년 3월 29일 제406-2007-000046호

ISBN 978-89-01-16617-9 14300

대한민국에서

광고 홍보인이 되는 법

잡코리아 좋은일 연구소 지음

웅진윙스

언젠가 광고 홍보인이 될 당신에게

광고와 홍보직은 대학을 갓 졸업한 취업 준비생들이 입사하기 매우 어려운 직군 중 하나다. 광고 홍보 직군은 그 특성상 대학에서 배운 이론과 현장에서 실제 진행되는 실무가 무척 다르므로 사회생활을 전혀 하지 않은 신입보다는 경력자 채용을 더 선호하기 때문이다. 그만큼 일의 속도가 빠르고 경쟁이 치열한 곳이다.

이런 상황에서 취업 준비생들은 좁은 취업문을 뚫기 위해 각종 대외활동에 참여하고 공모전에서 수상하기 위해 갖은 노력을 기울인다. 또한 해외 어학연수를 다녀오고 영어 점수를 높이는 데 시간과 비용을 투자한다. 하지만 안타깝게도 광고와 홍보 분야로 취업하는 데 있어 이러한 스펙이 큰 힘을 발휘하지는 못한다(물론, 공모전 참여와 대외활동 경험, 어학 점수 등이 전혀 쓸모가 없다는 것은 아니다). 광고와 홍보 분야에서 필요로 하는 인재는 스펙이 화려한 사람보다는 직장 선배들을 도와 센스 있게 맡은 일을 잘 해내는 사람, 클라이언트들을 잘 설득해 프로젝트를 완성할 수 있는 강단 있는 사람이다.

이에 잡코리아 좋은일 연구소는 독자들이 광고와 홍보직의 현실을 구체적으로 파악할 수 있도록 돕기 위해 광고대행사와 홍보대행사, 그리고 기업 홍보실에서 근무하는 실무자들을 직접 만나 그들이 기업에서 어떤 일을 하는지 알려주고자 이 책을 썼다.

우리 책은 광고 홍보인이 되기를 희망하는 사람들, 그리고 해당 분야로 취업하기 위해 현재 열심히 준비 중인 이들을 위해 마련된 책이다. 1장을 통해 광고와 홍보직 실무자들이 회사에서 무슨 일을 하는지, 실무를 잘하기 위해 각 담당자가 갖춰야 할 역량과 자질은 무엇인지 파악할 수 있을 것이다. 2장에는 대외언론 홍보담당자, 광고AE, PR컨설턴트, 카피라이터 등 광고 및 홍보 분야의 대표 직군에서 근무하고 있는 9명을 인터뷰한 내용을 수록했다. 독자들은 2장을 통해 광고 홍보직 선배들이 취업하기 위해 어떤 노력을 기울였는지 또 이 일을 하면서 느끼는 보람과 고충 등에 대해 들을 수 있을 것이다.

3장에서는 광고 홍보직에 입사하기 위한 실전 취업전략을 소개할 것이다. 먼저 광고 홍보 분야에서 선호하는 인재상을 살펴볼 것이며, 현재 광고와 홍보 관련 일을 하는 선배들이 입사 시 보유하고 있던 리얼 취업 스펙도 공개할 것이다. 이 외에도 good & bad 자기소개서 샘플, 그리고 광고 홍보직 신입사원을 뽑을 때 기업들이 실시하는 토론면접에 대비하기 위한 방법을 수록하여 보다 효율적으로 취업전략을 세울 수 있도록 돕고 있다.

광고 홍보 직무에 취업을 희망하는 독자들이 우리 책을 통해 광고 홍보 직무를 구체적으로 이해하고 실무 현장을 간접 체험해 보길 바란다. 또한 독자들이 직무 방향을 선정하고 목표를 향해 나아가는 데 우리 책이 도움이 되길 바란다.

2014년 7월
잡코리아 좋은일 연구소

01

광고 홍보인이 하는 일

02

분야별 광고 홍보 직무의 세계

03

광고 홍보 실무자가 되기 위한 모든 것

예비 광고 홍보인으로서의 꿈이 있다는 것

졸업을 앞둔 취업 준비생들의 가장 큰 고민은 '무엇을 해야 할지 잘 모르겠다'와 '하고 싶은 일을 정하지 못하겠다'는 것이다. 내가 무슨 일을 하고 싶어하는지, 어떤 일이 적성에 맞을지 파악하지 못하는 것이다. 때문에 적지 않은 취업 준비생들이 나와 맞는 일이 아닌, '나와 맞을 것 같은 일'에 지원하고 있고, 직무는 아무래도 상관없으니 이름이 잘 알려진 기업에 입사하고 싶어 한다.

이처럼 자신의 적성과 하고 싶은 일을 찾지 못한 이들은 '일단 스펙부터 쌓고 보자'는 식으로 취업을 준비한다. 그러나 기업의 입장은 이들과 사뭇 다르다. 과거에는 지원자의 스펙이 좋으면 입사 후에도 우수한 퍼포먼스를 낼 것으로 생각했지만 이러한 판단이 틀렸음이 입증되면서 최근에는 스펙보다는 지원자의 직무 적합성에 중점을 두고 신입사원을 채용하고 있다. 상황이 이렇다 보니 아직 하고 싶은 일을 정하지 못한 취업 준비생 입장에서는 가뜩이나 좁은 취업문을 뚫는 것이 더욱 어렵게 느껴질 수밖에 없다.

하지만 다행인 점은 적어도 이 책을 펼치고 있는 독자들은 하고 싶은 일이 무엇인지 정한 사람들이라는 것이다. 내가 하고 싶은 일, 원하는 일을 찾은 것만으로도 취업의 관문을 통과하는 절반의 준비는 되었다고 볼 수 있다. 이제 목표에 다가가기 위해 차근차근 준비해나가면 된다.

이번 장에서는 광고 홍보 분야로의 취업을 희망하는 대학생 및 취업 준비생들에게 해당 분야에 대한 자세한 직무 정보와 그들의 궁금증을 해결할 수 있는 취업 정보들을 담았다. 광고 홍보 분야에 속하는 직무의 종류와 하는 일에 대해 알아보고, 취업 선배들이 직접 꼽은 광고 홍보인에게 필요한 자질과 역량에 대해 살펴볼 것이다. 또한 대학생과 취업 준비생들 사이에서 광고 홍보 분야에 관한 떠도는 소문의 실체를 직접 취재하여 정리했으며, 광고 홍보 분야에 종사하는 직장인들을 대상으로 설문조사를 실시하여 그들의 특징을 알아봤다. 이 외에도 시대에 따른 광고 홍보의 전략 변화와 흥미로운 사례 등을 담아 해당 직무로 취업을 준비하는 독자들에게 다양한 정보를 알려주고자 한다.

미국의 방송인 오프라 윈프리는 "당신의 목표가 무엇이든 열심히 할 의지가 있다면 달성할 수 있다(Whatever your goal, you can get there if you're willing to work)."라고 말했다. 이 책을 통해 예비 광고 홍보인으로서의 목표를 다짐하고 그 목표에 다가갈 수 있도록 더욱 열심히 준비하기를 바란다.

01

광고 홍보인이 하는 일

광고 홍보 실무자는 무슨 일을 할까?

현대인의 하루는 광고로 시작해 광고로 끝난다 해도 과언이 아니다. 우리는 TV, 라디오, 신문, 인터넷 등의 광고 메시지에 매일 수백번씩 노출되고 있으며, 버스와 지하철, 그리고 건물 외관, 거리에서 나눠주는 전단지 등 우리가 의도하지 않아도 일상 속에서 무수히 많은 광고 홍보물을 접하게 된다. 그렇다면 이처럼 많은 광고 홍보물은 누가 만드는 것일까? 바로 광고대행사 및 홍보대행사, 그리고 기업 홍보팀에 속한 실무자들이 만들고 있다. 이들은 기업과 제품의 이름, 아이덴티티(Identity), 이미지, 브랜드 등을 널리 알리기 위한 정책과 방향을 설정하고 이를 실행에 옮기는 일을 한다.

광고(廣告): 세상에 널리 알림.
홍보(弘報): 널리 알리는 소식이나 보도.

광고와 홍보라는 단어를 사전에서 찾아보면 '세상에 널리 알림'이라는 같은 내용이 기록되어 있고, 이들이 진행하는 업무의 최종 목적이 기업과 제품을 알린다는 면에서도 동일하다. 하지만 회사에서 광고, 홍보 각각의 실무자들이 담당하는 일의 종류와 범위는 전혀 다르다.

먼저 홍보를 전문으로 담당하는 실무자들의 업무영역을 살펴보자. 홍보 실무자들은 기업명과 제품 브랜드명이 대중에 노출될 수 있도록 언론사에 자신들의 계획이나 활동과 업적 등을 보도자료로 만들어 배포하는 일을 한다. 반면, 광고 영역을 다루는 실무자들은 소비자의 태도나 행동에 영향을 줄 목적으로 만든 영상, 포스터, 판촉물품 등을 신문과 방송 등의 광고매체를 통해 노출한다. 이때 광고와 홍보의 가장 큰 차이는 '비용 집행'과 '홍보나 선전을 벌이는 대상'이다. 광고는 노출의 대가로 비용을 지급하고 광고 메시지를 전달하고자 하는 대상이 분명하다. 반면 홍보는 보도자료 배포에 있어 비용을 집행하지 않으며 불특정 다수에게 메시지를 전달한다.

광고와 홍보 업무의 차이를 예를 들어 살펴보자.

'알바먼'이라는 건강식품 제조 회사가 있다. 알바먼은 오랜 연구 끝에 체중감량에 효과적인 보조식품을 개발하는 데 성공했다. 이에 알바먼은 신제품을 '맵시 몸매'라고 이름 짓고, 제품이 잘 팔릴 수 있도록 적극적인 홍보활동을 펼치기로 했다.

먼저 알바먼 홍보팀에서는 신제품 출시 소식과 함께 제품이 어떤 효과가 있는지를 자세히 소개하는 보도자료를 작성하여 방송국, 일간지, 인터넷 신문 기자들에게 전송했다. 그러자 몇몇 인터넷 신문과 일간지에 해당 소식이 게재되었다.

알바먼 마케팅팀에서는 '맵시 몸매'를 판매할 수 있는 타깃을 20~30대 여성으로 선정하여 이들에게 제품을 알리기 위한 TV CF를 제작하기로 하고 광고대행사에 이를 의뢰했다. 뿐만 아니라 젊은 여성들이 즐겨 찾는 강남과 압구정 거리에 옥외광고를 설치하고, 패션잡지에도 제품 광고를 싣는 등 큰 비용을 들여 다양한 매체에 광고를 집행했다.

이처럼 홍보와 광고 활동을 적극적으로 펼친 덕에 알바먼의 체중감량 보조식품은 매출이 급상승했고, 탄력을 받은 알바먼은 중국과 일본 등 아시아 지역으로까지 판매 영역을 넓히기로 했다. 하지만 과도하게 다이어트에 집착한 나머지 음식을 제대로 섭취하지 않아 골다공증, 탈모, 거식증 등의 다이어트 부작용을 겪는 일부 여성들의 사례가 언론에 보도되면서 알바먼에 위기가 찾아왔다. 뉴스를 접한 일반 소비자들이 다이어트 식품 및 체중감량 보조제 등을 부정적으로 인식하게 된 것이다. 이런 현상으로 '맵시 몸매'의 매출 하락은 물론 기존 구매자들로부터 환불 요구가 빗발치기 시작했다.

이에 알바먼 홍보팀에서는 '맵시 몸매'는 식약청의 승인을 받은 안전한 제품임을 알리는 보도자료를 만들어 배포하고 기자 설명회를 개최하는 등 위기상황에 대처하기 위한 노력을 했다. 그러자 '맵시 몸매' 제품에 대한 부정적인 시선이 조금씩 누그러졌다. 마케팅팀 역시 새로운 광고를 제작하여 소비자들의 인식을 변화시키고자 노력했다. 기존에는 '맵시 몸매'가 다이어트에 얼마나 효과적인가를 알리는 데 목적을 두고 광고를 만들었다면, 이제는 안전한 식품 성분을 강조하는데 초점을 맞춰 광고를 제작·방영한 것이다.

이처럼 알바먼의 각 실무자들이 노력한 덕분에 '맵시 몸매'는 국내 체중감량 보조식품 분야에서 업계 1위를 고수할 수 있었을 뿐 아니라 아시아 지역으로 진출하여 사업 영역을 키울 수 있었다.

예를 통해 살펴본 바와 같이 알바먼의 홍보팀과 마케팅팀에서는 신제품을 소비자들에게 알리기 위한 동일한 목적을 가지고 홍보와 광고 활동을 펼쳤다. 하지만 홍보팀은 상품을 노출하는 데에 직접적인 비용을 사용하지 않았지만 마케팅팀에서는 광고를 집행하기 위해 큰 비용을 지출했다. 또한 홍보팀은 보도자료를 만들어 배포하지만, 보도자료의 노출 여부는 언론사에서 결정하기 때문에 홍보 실무자들이 강제로 노출하기는 어려운 면이 있다. 반면 광고는 원하는 매체에 원하는 방식으로 광고를 노출할 수 있다는 점이 다르다고 할 수 있다.

... 대중에게 기업의 긍정적 이미지를 심어주는 홍보인

홍보 실무자들이 주로 하는 업무의 영역은 크게 네 가지로 나뉜다.

원고 작성

홍보담당자 업무의 70%는 '글'을 작성하는 것이다. 특히 언론사에 제공할 보도자료를 작성하는 데에 많은 시간을 할애한다. 이들은 기업의 매출이 성장하여 업계 1위를 차지했다든지 혹은 신제품이 출시되었을 때, 새로운 기업 대표가 선출됐을 때 등의 기업 소식을 전달한다. 또한 소비자들을 대상으로 설문 조사한 내용을 분석해 업계 트렌드를 제시하는 자료를 작성하고, 사실과 다르게 기업 이미지가 훼손될 만한 내용이 있다면 이를 반박하는 자료를 배포하는 등의 다양한 목적의 글을 쓰고 이를 배포한다. 이 외에도 사보를 발간하는 회사의 경우 홍보팀 실무자들은 사보에 실을 내용을 취재하고 원고를 작성하는 것까지 도맡아 한다.

뉴스 모니터링

자사와 관련한 뉴스를 모니터링하고 자료를 수집하는 일도 홍보 실무자들이 수행해야 할 주요한 일 중 하나다. 홍보 실무자들은 매일 아침 수십 종의 일간지, 스포츠 신문, 경제지 등 다양한 종류의 신문기사를 읽고 검색하여 기업과 직·간접적으로 관련이 있을 만한 내용을 스크랩하고 회사 내에 공유한다.

언론사 관리

홍보담당자가 전달한 보도자료를 기사화할지의 여부는 언론사가 결정하기 때문에 홍보 실무자는 언론사 특히 기자들과 친밀한 관계를 유지해야 한다. 때문에 하는 일은 언론사 또는 기자 '관리'이긴 하지만 기자 '접대'라는 말로 통용된다. '접대'라는 단어가 부정적으로 들릴 수도 있으나 기자들과 만나 이야기를 나누며 우리 회사와 제품에 대해 알리는 시간을 갖는 것을 가리켜 기자접대라고 한다. 기자접대는 간단한 식사 자리 마련, 기자가 요청하는 자료 백업 등이 모두 포함된다. 한편, 기자를 만날 때는 여러 사람을 한 번에 만나기보다 1:1로 대면하는 것이 좋다. 언론사는 특종을 잡기 위해 매 순간 경쟁하는 곳이다. 내가 가진

정보를 여러 사람에게 일괄적으로 준다면 이는 가치 없는 단순 소식에 지나지 않는다. 특종 거리를 전달하지 않는다 하더라도 기자를 상대할 때는 개별적으로 만나는 것이 바람직하다.

SNS 운영 및 관리

뉴스와 신문 등 언론사의 파워가 막강하긴 하지만 요즘 소비자들은 인터넷을 통해 더욱 쉽고 빠르게 소식을 접할 수 있다. 이에 기업들도 홍보활동을 온라인으로 옮겨가는 추세다. 특히 온라인 신문의 대거 등장으로 인해 일간지 못지 않게 온라인 뉴스, 그리고 기업 자체적으로 운영하는 페이스북과 블로그 등을 관리하는 역할이 중요해지고 있다. 특히 SNS는 파급효과가 크고 확산 속도가 빠르기 때문에 행여라도 소비자들의 문의에 소홀히 대응할 경우 이는 걷잡을 수 없이 기업에 악영향을 미칠 수 있어 관리자들의 노력이 요구된다.

··· 기업이 원하는 목적을 광고로 담아내는 광고장이

광고를 기획·제작하고 광고를 내보낼 매체를 선정하는 등의 업무는 매우 전문적인 영역이기 때문에 각 실무를 담당하는 업무의 구분이 명확한 편이다.

광고기획자(AE)

광고기획이나 제작물을 광고주에게 프레젠테이션하고 광고대행계약을 체결하는 역할이다. 광고주를 대신해 광고 전략 수립부터 광고제작까지 모든 업무에 관여하며 이 외에도 광고비 청구 및 광고 진행 후 효과 측정, 보고 등의 업무도 담당한다.

카피라이터(CW)

광고 메시지를 효과적으로 전달하기 위한 문구를 만들어 낸다. 광고의 목적에 맞는 문구나 문안을 생각해내며 맡은 광고가 어떤 방향으로 가야 하는지에 대한 전반적인 아이디어를 생각해야 한다.

아트디렉터(AD)

아트디렉터는 광고의 비주얼을 책임지는 역할이다. 카피라이터가 글 또는 말로써 메시지를 전달한다면 아트디렉터는 비주얼적인 요소를 활용하여 시각적으로 강렬한 인상을 남기는 작업을 진행한다. 아트디렉터 역시 광고 콘셉트에 대한 전반적인 아이디어를 생각해내야 한다.

광고 프로듀서(PD)

광고 제작을 책임진다. AE가 광고의 큰 틀을 잡으면, PD는 이를 바탕으로 광고제작에 관련된 전반적인 업무를 수행한다. 광고의 콘티를 짜고 광고에 필요한 모델을 선정하며 최종 광고물이 나올 때까지 제작에 관련된 모든 일을 진행한다.

광고 홍보 실무자의 헌신이 기업의 위기를 극복한다

성공적인 광고 및 홍보 전략은 기업 이미지 제고에 긍정적 영향을 미칠 뿐만 아니라 기업에 큰 이익을 가져다준다. 실제로 잘 만든 광고 한 편이 매출 증가의 일등공신이 되기도 하고, 소비자들과의 원활한 커뮤니케이션을 위해 운영한 페이스북이 기업의 이미지를 친숙하게 만들기도 한다. 이에 기업들이 큰 비용을 들여 광고와 홍보 활동을 펼치고 있으며 해당 실무를 진행하는 이들의 노력으로 소비자들은 매일 재미있는 광고, 기발한 홍보전략들을 만나고 있다. 광고와 홍보 실무자들의 숨은 헌신을 '비락식혜'와 '포스코에너지' 사례를 통해 살펴보자.

... 팔도 비락식혜 '의리' 광고로 매출 껑충

18초짜리 광고 한 편에는 창의성과 예술성은 물론, 현 트렌드를 관통

하는 메시지가 담겨야 한다. 또한 소비자들로 하여금 제품을 구매하고 싶은 욕구를 일으킬 수 있는 고도의 심리적 접근도 필요하다. 이러한 조건들이 모두 충족됐을 때 소비자들의 입에 오르내리며 인기를 얻는 광고, 그리고 매출 증대에 기여하는 성공적인 광고가 탄생하는 것이다. 팔도는 '의리의 김보성편' 광고를 통해 매출 증대는 물론 기존 40~50대에 머물던 고객층을 10~20대까지 확대하는 데에 성공했다.

매출 부진 상황 분석

1993년 첫선을 보인 팔도의 비락식혜는 출시된 지 20년이 넘은 국내에서는 보기 드문 장수 제품이다. 어릴 적 할머니께서 직접 만들어 주시던 전통의 맛을 표방하며 무색소, 무방부제인 건강식품임을 강조해 제품 출시 초기에는 큰 인기를 얻었다. 하지만 해가 거듭될수록 커피와 비타민 음료 등에 밀려 매출이 제자리걸음을 하기에 이르렀고 전통적인 것보다는 세련됨을 추구하는 젊은이들 사이에서 비락식혜는 부모님 세대가 마시는 '구식' 음료가 되어버렸다.

신구 세대를 모두 아우를 수 있는 핵심 키워드 발굴

이에 팔도는 제품 브랜드 이미지를 리뉴얼 할 필요를 느끼고 새로운 TV CF를 제작하기로 했다. 팔도 비락식혜의 새 광고 제작을 맡은 광고대행사에서는 비락식혜가 가진 '전통 음료', '몸에 좋은 음료'라는 핵심가치를 유지하면서도 젊은층을 유입시킬 수 있는 이미지를 창출해 내기 위한 고민에 들어갔다. 만일 젊은층을 흡수하기 위해 이미지를 급작스럽게 변화시키면 기존 충성 고객이 이질감을 느껴 이탈할 수 있고, 그렇다고 기존의 이미지를 고수하자니 새로운 고객층의 유입이 어려울 것으로 판단했기 때문이다. 이에 팔도는 전 세대가 모두 공감할 수 있는 메세지로 '의리'라는 키워드를 뽑아냈다. 한국 전통 음료에 대한 의리, 무색소, 무방부제 음료를 마시는 내 몸에 대한 의리, 오랜 시간 사랑받아온 제품에 대한 의리를 강조하며 '의리'의 대표 아이콘, '김보성'을 메인 모델로 내세워 광고를 제작했다.

광고 매체 선정

한편, 팔도는 광고 제작 후 이를 바로 TV에 방영한 것이 아니라 유튜브에 먼저 공개했다. 유튜브의 주 이용자인 10~20대의 젊은층을 공략하기 위함이었다. 광고제작사의 예상은 적중했다. 비락식혜 '으리의 김보성 편' 광고는 SNS를 타고 급속도로 퍼지며 조회 수가 290만 건을 넘긴 것은 물론 대중들이 자발적으로 비락식혜 광고 패러디를 만들어 공유하여 홍보 효과를 높였다.

광고 효과 측정

광고의 효과는 대단했다. 팔도 관계자에 따르면, 광고 전·후 25일간을 비교한 결과 전체 판매수량이 38.5% 이상 신장했으며 특히 할인점에서는 104.4%, 편의점에서는 51.9%가 신장하는 큰 성장세를 보였다. 판매금액으로 환산하면 약 6억 원이 증가한 수치다.

　이처럼 잘 만든 광고 한 편으로 매출이 크게 성장했을 뿐 아니라 비락식혜를 구식으로 여기던 10~20대의 젊은 소비층에도 비락식혜를 마셔야 한다는 소비 인식을 심어주는 데 성공했다. 그 결과 40~50대의 기존 고객층을 유지함과 동시에 신규 소비층을 영입할 수 있었고, 비락식혜가 갖고 있던 오래된 브랜드라는 이미지를 새롭고 활기차게 변신시키는 데에도 성공했다.

··· 위기관리 대응으로 신뢰를 회복한 포스코에너지

잘 나가는 기업이라도 뜻하지 않은 곳에서 갑자기 위기상황이 발생할 수 있다. 직원의 부주의로 고객 개인정보가 외부로 유출되는 경우, 평소 잘 운항하던 유조선이 뜻하지 않은 사고로 전복되어 기름이 유출되는 경우, 위생관리를 철저히 했음에도 불구하고 식품에 이물질이 들어간 경우 등이 모두 그것이다. 이때 이러한 위기 상황을 얼마나 신속히 대처하고 올바른 대응 방안을 내어 놓느냐에 따라 기업의 이미지는 한 순간에 바닥으로 떨어질 수도 반대로 위기를 기회로 삼아 이미지 반등에 성공할 수도 있다. 그리고 위기관리 대응 능력이 곧 홍보 실무자의 저력을 보여줄 수 있는 척도가 되기도 한다.

위기 상황 발생

2013년 4월 15일 국내에서 출발해 미국 로스앤젤레스로 향하던 항공기에서 소란이 발생한다. 비즈니스석의 한 손님이 승무원이 라면을 잘 끓이지 못했다는 이유로 폭언과 폭행을 가한 것이다. 이에 비행기를 조종하던 기장은 미국 경찰에 해당 사실을 알렸고, 그 승객은 미국 연방수사국의 요청에 따라 입국이 불허되어 한국으로 되돌아와야 했다. 이 사건은 며칠 후 언론을 통해 보도되었고 물의를 일으킨 장본인이 포스코에너지에서 근무하는 상무라는 사실도 함께 알려졌다. 그러자 뉴스를 접한 대중들은 몰상식한 상무를 비난함과 동시에 그가 소속되어 있는 기업으로까지 비난의 화살을 돌렸다.

사건의 확장

그도 그럴 것이 당시 갑(甲)과 을(乙)의 관계에 대한 이슈가 사회적으로 큰 관심을 받으며 대기업이 중소 하청기업을 대상으로 무리한 요구를 한 사실과 백화점과 마트 등에서 근무하는 감정노동자의 고충도 연일 언론을 통해 보도되던 시기였기 때문이다. 이러한 사회적 이슈와 맞물려 포스코에너지의 '라면 상무 사건'은 세간에 더 큰 비난을 받게 되었고, 특히 SNS를 통해 해당 사실이 급속도로 퍼지며 포스코에너지의 위기 상황은 걷잡을 수 없이 커지는 듯했다.

신속한 위기 대응력 발휘

이 사실을 확인한 포스코에너지는 뉴스가 보도된 바로 다음날 해당 사안에 대한 사과문과 함께 물의를 일으킨 임원의 사표 수리 및 보직 해지를 알리는 공식 발표문을 공개했다. 이는 문제가 발생했을 경우 해당 사실을 부인하거나 책임을 회피하는 일반적인 위기대응과는 전혀 다른 방향이었다. 불미스러운 사건에 포스코에너지의 상무가 연루된 점을 인정하고 다시는 이러한 일이 발생하지 않도록 노력하겠다는 앞으로의 의지도 함께 보여주었다.

이처럼 신속한 대응과 진정성 있는 모습에 대중들의 비난은 곧 사그라졌고 포스코에너지는 기업 이미지 실추로 이어질 뻔한 위기상황을 모면할 수 있었다. 포스코에너지의 이 사례는 위기가 발생한 것을 아예 없던 것으로 할 수는 없지만, 위기 상황 후의 결과를 최소한으로 축소할 수 있다는 것을 보여준 대표적인 사례로 꼽히고 있다.

팔도와 포스코에너지의 사례에서 볼 수 있듯이 기업이 매출 부진 또는 뜻하지 않은 위기에 빠졌을 때 이를 타계할 적극적인 해결 방법을 찾는 것이 바로 광고 홍보 실무자들이 할 일이다. 이들의 노력이 뒷받침되었을 때 기업은 안정적으로 새로운 고객을 찾을 수 있고 대중들에게 더욱 친숙하게 다가갈 수 있다.

설문을 통해 알아보는
광고 홍보직 실무자들의 특징

부부는 닮는다는 속설이 있는데 이는 직업군에서도 마찬가지다. 그도 그럴 것이 하루 8시간 이상 같은 공간에서 근무하며 같은 목표를 가지고 일을 하다 보면 그 일에 맞게 외모 및 분위기가 자연스럽게 닮아가기 마련이다. 그렇다면 광고 홍보직에 종사하는 직장인들은 서로 어떻게 닮아 있을까? 이를 알아보기 위해 잡코리아 좋은일 연구소가 광고 홍보 분야에서 근무 중인 남·여 직장인들을 대상으로 〈광고 홍보직 종사자 특징 조사〉를 실시했다. 해당 조사는 광고 홍보 실무자들의 전체적인 모습을 알아보기 위한 것으로 광고 홍보 분야 직장인들이 모두 똑같은 모습과 특징을 가진 것은 아님을 미리 밝혀둔다.

... 광고 홍보인 스스로 평가한 외모 점수 '72점'

광고 홍보 분야는 대외적인 미팅이 많은 대표 직군이다. 이에 외모관리도 업무 능력 중 하나로 포함되곤 한다. 때문에 광고 홍보 분야의 직장인을 떠올리면 무척 세련되고 화려한 모습이 연상된다. 정말 그럴까? 광고 홍보직 실무자들의 외형을 조사한 결과, 남성은 175cm 키에 몸무게 73kg, 여성은 162cm에 54kg이 평균인 것으로 집계됐다. 더불어 광고 홍보 실무자들에게 스스로 평가하는 본인의 외모 점수를 조사한 결과, 해당 실무자들은 자신의 외모 점수를 100점 만점 기준에 72점을 주었다.

광고 홍보인들이 좋아하는 컬러는 '검은색(블랙)'이 가장 많았다. 그 이유는 블랙이 세련과 엣지의 대표 컬러이기 때문이라고. 하지만 세련과 엣지를 강조하는 광고 홍보인들의 식성은 소박한 것으로 조사됐다. 가장 좋아하는 점심 메뉴로 남성은 '김치찌개'를 여성은 '백반'을 꼽았다.

이들의 이상형도 조사해봤다. 남성은 '도시적이며 청순한 스타일'의 여성, 여성들은 '믿음직스러우면서도 도시적인 스타일'의 남성을 이상형으로 꼽았다. 광고 홍보 분야의 직장인들 중에는 싱글이 많다고 하는데 이는 엄청난 업무량으로 인한 잦은 야근으로 인해 연애할 시간이 없기도 하지만 눈높이가 너무 높은 이유도 한몫하는 것이 아닐까 싶다.

그렇다면 매일매일 새로운 아이디어를 떠올려야 하는 광고 홍보인들의 아이큐는 몇 점일까? 평균치를 조사했더니 광고 홍보인들의 아이큐는 평균 118점이라는 다소 실망스러운 점수가 나왔다. 하지만 세기의 발명가 에디슨은 "위대한 발명은 1%의 천재성과 99%의 노력에서 나온다."라고 하지 않았던가. 광고 홍보인들 역시 타고난 아이큐보다는 끊임없는 노력으로 멋진 광고와 홍보물들을 만들어내고 있는 것으로 보인다.

광고 홍보 분야에서 가장 흔한 혈액형은 'O'형인 것으로 조사됐다. O형의 특징은 사교성이 좋고 활발한 분위기 메이커라고 하는데, 광고 홍보 분야 직무 특성과 잘 어울리는 듯하다. 실제로 이번 조사에 참여한 광고 홍보 분야 직장인들은 함께 일하는 동료 중에 낙천적이고 사교적이며 특히 남들 앞에 서기 좋아하는 무대 체질의 유형이 가장 많다고 답했다.

... 광고 홍보인의 직업병 '만성피로'와 '두통'

광고, 홍보 대행사 그리고 기업 홍보팀에서 근무하는 이들은 자기 일에 얼마나 만족하고 있을까? 그 정도를 파악하기 위해 '만일 내 친동생이 광고 또는 홍보 일을 하겠다면 찬성하겠는지?'에 대해 질문했다. 그러자 55.7% 만이 '이 일을 추천하겠다'고 답했다. 이는 마케팅 분야 종사자 중 70.6%가 마케팅 일을 추천한다는 결과와 비교해 볼 때 상당히 낮은 수치다.

그렇다면 이 일을 왜 친동생에게는 권하고 싶지 않다고 말하는 것일까? 그 이유에 대해 광고 홍보 분야의 직장인들은(*복수응답) ▲일이 너무 힘들고 야근을 많이 한다(68.7%) ▲급여나 복리후생 제도들이 열악하다(35.4%) ▲경쟁이 너무 치열해서 지친다(35.1%) 등을 꼽았다.

실제로 업무량이 많고 스트레스가 심해서인지 광고 홍보 분야의 직장인들이 가지고 있는 직업병(*복수응답) 1위가 '만성피로(40.5%)'인 것으로 나타났다. 설문에 참여한 직장인들은 아무리 자도 피로가 가시질 않는다고 대답했고, 이어서 지속되는 아이디어 회의 등으로 인해 '만성두통(39.3%)'에 시달린다고도 답했다.

이외에도 광고 홍보 분야 직장인들은 ▲바쁜 업무에 쫓겨 식사를 제때 할 수 없어 생긴 소화불량(21.7%) ▲잘못된 자세로 인한 어깨 통증(19.7%) ▲모니터를 장시간 봐서 생긴 거북목 증상(19.3%) ▲운동 부족으로 인한 체중 증가 및 체력 저하(13.7%) 등을 자신의 직업병으로 꼽았다.

조사 결과만을 놓고 보면 광고 홍보 일이 무척 힘들고 사람을 지치게 하는 것으로 보인다. 하지만 이 일에 만족하고 있는 사람들은 광고 홍보 분야는 ▲업무량은 많지만 일이 재미있다(58.8%) ▲일하며 많은 것을 보고 배울 수 있다(47.2%) ▲함께 일하는 사람들끼리 분위기가 좋다(18.4%) ▲외근, 출장 등의 기회가 많다(12.5%) 등의 장점(*복수응답)도 있음을 알려줬다.

광고 홍보 분야의 일이 재미있고 매력적인 것은 맞지만 막상 일을 하다 보면 당장에라도 일을 그만두고 싶은 순간이 찾아오기 마련이다. 그때가 언제인지 질문하자(*복수응답) ▲아이디어가 떠오르지 않아 답답할 때(41.8%) ▲진상 클라이언트(고객, 기자 등)에게 시달릴 때(32.2%) ▲팀장, 본부장 등 상사한테 깨졌을 때(31.9%) ▲쥐꼬리만한 연봉을 볼 때(27.4%) ▲해도 해도 일이 끝나지 않고 계속 밀려들 때(23.0%)에는 당장이라도 사표를 내고 회사를 박차고 나가고 싶다고 답했다.

... 광고 홍보 직장인은 일주일에 사흘은 야근

광고 홍보 직장인들의 일과는 어떻게 돌아갈까? 조사 결과 출근 시간은 평균 오전 8시 30분, 퇴근 시간은 평균 저녁 6시 55분인 것으로 집계됐다. 야근횟수는 일주일 평균 3회 정도였고, 한 번 야근할 때마다 3시간 이상을 추가 근무한다고 답했다. 즉, 일주일에 사흘은 밤 10시경이 되어야 퇴근하는 셈이다. 한편, 일과 중에는 브레인스토밍이나 아이디어 회의 등의 시간이 많은 편이다. 하루 평균 회의 시간은 약 2시간여에 이른다고 한다.

이들이 일과 중 주로 하는 일을 '광고'와 '홍보' 분야로 나누어 조사(*복수응답)해 봤다. 먼저, 광고대행사에서 광고기획자(AE)로 일하는 직장인들은 ▲기획안 작성(44.4%)에 할애하는 시간이 가장 많았고, 다음으로 ▲자료 수집(38.5%)이나 ▲아이디어 고민(25.6%)의 업무 비중도 꽤 높았다. 한편, 광고담당자에게 반드시 필요한 업무역량이 무엇인지 묻는 말(*복수응답)에는 '창의력'이 응답률 57.3%로 가장 높았고, 다음으로 ▲기획력(44.4%) ▲자료 분석력(19.7%) 순으로 높았다.

기업 홍보담당자는 '기획서·보도자료 등의 문서작성' 업무 비중이 53.6%로 가장 큰 것으로 조사됐다. 다음으로 ▲아이디어 고민(42.9%) ▲내부 요청자료 제작 및 지원(25.0%) 등의 업무를 주로 한다고 답했다. 홍보담당자에게 요구되는 중요한 업무역량으로는 '상대방을 설득시킬 수 있는 커뮤니케이션 능력'(44.6%)을 가장 많이 선택했다.

추천
55.7%

비추천
44.3%

추천하지 않는 이유는 무엇입니까?	(복수응답)	응답률
일이 너무 힘들다(야근이 많다)		68.7%
급여나 복리후생 제도가 부족하다		35.4%
경쟁이 너무 치열하다		35.1%
비전이 없다		9.7%
일이 재미없다		6.0%
함께 일하는 사람과의 분위기가 나쁘다		1.1%
기타		0.7%

추천하는 이유는 무엇입니까?	(복수응답)	응답률
일이 재미있다		58.8%
일하며 많은 것을 배울 수 있다		47.2%
함께 일하는 사람들끼리의 분위기가 좋다		18.4%
비전이 높다		18.1%
외근, 출장 등 기회가 많다		12.5%
업무량이 많지 않다(야근이 별로 없다)		4.7%
경쟁이 치열하지 않다		3.6%
급여나 복리후생 제도가 만족스럽다		0.6%

광고 홍보업계 종사자로서 직업병은 무엇입니까?	(복수응답)	응답률
자도 자도 피곤한 만성피로		40.5%

지속되는 아이디어 회의 등으로 인한 만성두통	39.3%
바쁜 업무에 쫓겨 식사를 잘 못 해 생긴 소화불량	21.7%
스트레스와 잘못된 자세로 인한 어깨통증	19.7%
모니터를 장시간 봐서 생긴 거북목 증상	19.3%
운동부족으로 인한 체중 증가 및 체력 저하	13.7%
회사만 오면 우울해지는 우울증	10.9%
잘못된 자세로 오래 앉아 일해 생긴 디스크	5.8%
답답한 사무실에 갇혀 생긴 피부 트러블(뾰루지, 여드름 등)	4.5%
기타	0.7%

가장 일하기 싫을 때는 언제입니까? (복수응답)	응답률
아이디어가 떠오르지 않아 답답할 때	41.8%
진상 클라이언트(고객, 기자 등)에게 시달릴 때	32.2%
팀장, 본부장 등 상사한테 깨졌을 때	31.9%
쥐꼬리만한 연봉을 볼 때	27.4%
계속해서 업무가 쏟아질 때	23.0%
일할 수 있는 수명이 짧다고 느껴질 때	12.6%
기타	0.7%

출처_ 광고 홍보직 실무자 특징 설문조사(잡코리아 좋은일 연구소, 2013~2014년)

비슷하지만 다른, 기업과 대행사

광고와 홍보 분야는 그 일을 하는 목적(기업 브랜드 인지도를 높이고 소비자들이 우리 회사 그리고 제품과 서비스를 찾게 하는 것)은 같지만 각 실무자가 하는 일의 영역은 매우 다르다. 특히 광고 또는 홍보라는 동일한 분야의 일을 한다고 해도 실무자가 일반 기업에 소속되어 일할 때와 해당 일을 전문으로 수행하는 대행사에 소속되어 있을 경우에 따라서도 담당해야 하는 역할이 크게 달라진다. 그러므로 이쪽 분야로의 취업에 관심을 두고 있는 이들이라면 먼저 광고 또는 홍보라는 큰 카테고리 중 무엇을 할지 정한 후, 그 일을 하기 위해 일반 기업에 입사할지 또는 대행사에 입사할지 구체적으로 목표를 세우는 것이 현명하다. 그렇다면 각 실무자가 하는 일의 영역을 광고와 홍보, 그리고 일반 기업과 대행사로 나누어 살펴보도록 하자.

홍보 실무자로 입문하기 위한 방법은 두 가지 통로가 있다. 첫 번째는 기업의 홍보팀에 입사하는 것이다. 보통 직원 수가 많고 매출 규모가 큰 중견기업이나 대기업의 경우 회사 조직 내에 홍보팀을 별도로 운영한다. 중소벤처기업이라 할지라도 기업 대표가 홍보의 중요성을 인지하고 있는 곳이라면 홍보팀 실무자를 고용해 일을 맡기기도 하지만 이런 경우 홍보만을 전문으로 하는 팀을 운영하기보다는 마케팅실 또는 경영기획실 안에 해당 실무 담당자를 배치하는 경우가 일반적이다. 이처럼 홍보와 관련한 실무를 담당할 사람을 필요로 하는 기업에 지원하고 입사하면 된다.

홍보 실무자가 되는 두 번째 방법은 홍보대행사에 취업하는 것이다. 보도자료 작성, 기자관리, 카탈로그 및 사보제작 등의 업무는 기업 내의 홍보팀 실무자가 할 수 있는 일이지만 기업 내부에 홍보 전담 인력이 부족한 경우 이 일을 전문으로 해주는 외부 홍보대행사에 맡기게 된다. 따라서 홍보대행사는 특정한 기업이나 국가 기관 등의 단체로부터 비용을 받고 해당 조직의 홍보에 관련된 일을 기획하고 관리하는 등의 총괄적인 업무를 진행하게 된다. 홍보대행사에 소속되어 기업 홍보를 전문으로 하는 이들을 가리켜 PR AE 또는 PR컨설턴트라고 한다. PR AE는 고객의 브랜드 및 이미지와 같은 눈에 보이지 않는 기업의 자산을 그 조직의 특성과 성격에 맞도록 홍보전략을 수립하며 기업의 언론 홍보 대행이나 홍보 행사 기획 및 집행, 사·외보 제작 등의 업무를 수행한다.

　PR AE가 하는 일을 좀 더 구체적으로 살펴보면 이들은 홍보의 목적, 대상, 전개방법, 비용 등이 담긴 홍보 기획서를 작성하고 종합적인 홍보계획을 수립한다. 이후 홍보 계획에 따라 기업 소개자료, 언론보도자료, 영상홍보물 제작, 미디어광고 지면구매, 방송 인터뷰 및 간담회 등을 기획하고 실행에 옮기게 된다. 실행 과정에서는 애초 기획한 대로 진행 내용이 잘 실행되고 있는지 모니터링 하며 실행이 잘 안 되는 부분이 있을 경우 관련 부서와 함께 기획서를 검토하고 개선방안을 협의한다. 또한 PR AE가 수행한 모든 홍보 활동의 효과를 측정하여 결과물을 만들고 홍보 일을 의뢰한 고객에게 보고하는 역할을 한다. 따라서 대행사에 소속되어 일하는 PR AE의 경우 여러 업종의 기업 홍보를 경험할 수 있고 온라인과 오프라인 영역을 넘나들며 다양한 홍보 전략을 실행해 볼 수 있다는 것이 가장 큰 장점이다.

··· 광고 분야: 기업 광고팀 vs 광고대행사

광고 분야의 실무자가 되는 방법도 홍보 직군과 마찬가지로 두 가지로 나뉜다. 첫 번째는 기업 마케팅팀에 입사하는 것이 가장 일반적이다. 기업 마케팅팀에서 브랜드 관리를 담당하는 실무자가 보통 광고 집행과 관련한 일들을 처리한다. 하지만 이들이 광고 제작 및 운영과 관련해 직접적으로 일을 하는 경우는 없으며 브랜드 마케팅의 연장선에서 광고 예산을 편성하고, 자사의 광고를 가장 잘 만들어 줄 대행사를 선별하여 해당 광고대행사에 광고 제작과 방영 등의 전반을 위임하여 관리한다.

　광고 일을 할 수 있는 두 번째 방법은 광고대행사에 취업하는 것이다. 광고대행사는 광고주와의 계약에 따라 광고주를 위한 전반적인 광고 업무를 전문적으로 다루는 곳으로 대행사에서 근무하는 실무자들은 광고 전략 수립부터 광고물 제작과 배포 등을 책임지며 방송을 통해 방영되는 모든 광고를 실제로 제작하고 배급하는 역할을 담당한다.

　광고대행사에는 다양한 직군이 존재하는데, 가장 대표적인 직무가 AE다. 이들은 광고기획이나 제작물을 광고주에게 프레젠테이션하고 광고대행계약을 체결하는 역할을 한다. 광고주를 대신해 광고 전략 수립부터 광고제작까지 모든 업무에 관여하며 이 외에도 광고비 청구 및 광고 진행 후 효과 측정 보고 등의 업무도 담당한다.

　광고에 쓰이는 멋진 문구를 뽑아내는 것은 카피라이터(CW)의 몫이다. 이들은 기업이 전달하고자 하는 막연한 정보나 이미지를 소비자들이 쉽게 이해할 수 있도록 때로는 강렬하게 때로는 위트 있게 슬로건이나 문장, 단어들을 만들어 낸다.

　카피라이터가 소비자의 마음을 사로잡을 멋진 문구를 만들어 내는 사람이라면 아트디렉터(AD)는 광고의 전반적인 비주얼을 책임진다. 이들은 광고가 소비자들에게 보여 주고자 하는 스토리를 시각적으로 표현한다. 가령 라면 CF를 찍을 경우, 어떻게 하면 라면이 시각적으로 더욱 맛있게 보일 수 있을지를 고민하고 광고 모델이 음식을 먹는 포즈, 라면을 담는 그릇, 야외 또는 실내 세트 연출 등의 모든 시각적인 요소들을 책임지는 것이다.

광고 프로듀서(PD)는 실질적으로 광고제작을 진행하는 사람이다. AE가 광고의 큰 틀을 잡으면, PD는 이를 바탕으로 광고제작에 관련된 전반적은 업무를 수행한다. 광고의 콘티를 짜고, 광고에 필요한 모델을 선정하며, 최종 광고물이 나올 때까지 제작에 관련된 모든 일을 진행한다.

눈물 없인 들을 수 없는 광고 홍보 뒷담화

소지섭, 신민아처럼 잘생기고 예쁜 모델들만 만날 것 같고, 기자들 앞에서 멋지게 브리핑하며 폼 나게 일할 것만 같은 광고 홍보담당자들. 과연 그럴까? 잡코리아 좋은일 연구소가 광고 홍보인들의 생생한 업무 이야기를 들어보기 위해 '광고 홍보인의 애환'이라는 주제로 사연 공모를 진행했다. 잡코리아 좋은일 연구소에 도착한 수많은 사연 중 눈물 없이 들을 수 없는 처절한 그들의 경험담 Best 5를 뽑았다.

광고가 산으로 간다

광고주가 원하는 콘셉트에 맞춰 대행사 AE가 야심 차게 광고 기획서를 만들어 가면 뭐하나. 광고주 사장님, 부장님 입맛에 맞게 다 뜯어고쳐 질 것을⋯. 열심히 시장조사하고, 며칠밤을 세워 광고 기획을 고민할 때만 해도 일이 많아 피곤하긴 했지만 멋진 광고를 만들 수 있다는 생각에 설레었다. 하지만 광고주와의 미팅이 끝난 후, 이리 바뀌고 저리 바뀌어 너덜너덜해진 광고 기획안을 들고 사무실로 들어올 때는 정말이지 기운이 빠진다. 아무리 돈도 중요하지만 정말 이건 아니지 싶은 콘셉트로 광고를 만들어야 할 때 일은 재미없고 힘들기만 할 뿐이다.

퇴근이 뭐에요? 주말이 뭐에요?

월, 화, 수, 목 내내 야근하다 모처럼 금요일에 일찍 퇴근하려고 하면 어떻게 알고 그렇게 일을 주시는지. 금요일에 줄 거면 아침 일찍 전달해 주던지. 왜 꼭 퇴근 시간 임박해서 급하게 일을 주는 것일까! "당신도 직장인, 나도 직장인. 같은 처지에 이러지 맙시다. 대행사에서 근무하는 직장인들도 금요일에 일찍 퇴근해서 불금을 보내고 싶고 주말은 집에서 늦잠 자고 쉬고 싶다!"라고 외치고 싶은 마음이 굴뚝 같으나 하늘과 같은 광고주님께는 감히 꺼낼 수 없는 이야기다. 오늘도 난 철야, 월, 화, 수, 목, 금, 금, 금으로 일하고 있다.

기자가 싫으면 홍보팀을 떠나라!

홍보 영역에서는 슈퍼 갑이 존재한다. 바로 언론사 기자다. 우리 회사 사장님도 껌벅 죽는 기자느님! 물론 정의에 불타 사회 곳곳의 불의를 파헤치는 멋진 기자들도 있지만 기자라는 신분을 내세워 대접받기 좋아하는 사람들도 너무 많다. 특히 설이나 추석 등의 명절에 선물을 노골적으로 요구하거나 비싼 식사와 향응을 요구하는 기자들을 볼 때면 일 자체에 대한 회의감이 들곤 한다. 그런 기자들을 상대하려고 내가 열심히 공부해서 취업한 게 아닌데 하는 생각에 이 일을 그만둘까 진지하게 고민한 적도 있다.

광고가 자본주의의 꽃이란 말을 잊으셨나요?

광고 집행 예산은 쥐꼬리만큼 주고 효과는 대박 나길 바라는 광고주들이 있다. 물론 광고대행사 직원들도 적은 비용으로 멋진 광고를 만들어 내고 싶다. 하지만 광고를 가리켜 자본주의의 꽃이라 부르지 않던가? 소비자들의 기억에 오래 남을 대박 광고를 만들기 위해서는 그만큼 비용을 투자해야 한다는 뜻이기도 하다. 인지도 있는 광고 모델을 기용해야 하고, 공중파 방송의 황금 시간대에 광고를 계속 내보내는 등을 해야 광고 효과가 나타나기 시작한다. 물론 무리하게 광고비를 책정하라는 말은 아니지만 상식적인 선에서 비용을 집행했으면 좋겠다.

보도자료 채택에 울고 웃는 삐에로

우리 회사가 신제품을 출시했다. 직원인 내가 객관적으로 살펴봐도 정말 좋은 제품이었다. 그래서 이를 알릴 수 있는 보도자료를 만들어 수십 곳의 신문사, 언론사, 잡지사 등에 전달했다. 그러나 하루를 기다리고, 이틀을 기다려도 우리 신제품과 관련된 기사는 단 한 줄도 나오지 않을 때 홍보담당자로서 스스로 참 무능하게 느껴진다. 반대로 내가 작성한 보도자료가 주요 일간지와 뉴스 등에 노출될 때 뿌듯함을 느낀다. 그야말로 보도자료가 언론에 노출되느냐, 안되느냐에 따라 그날 나의 기분도 덩달아 울고 웃는다.

광고장이, 다르게 생각하고 감각적으로 행동하라

'광고'의 사전적 의미는 상품이나 서비스에 대한 정보를 다양한 매체를 통해 소비자에게 널리 알리는 의도적 활동이다. 하지만 모든 광고가 소비자에게 도달되기는 힘들다. 하루에도 수많은 광고가 세상에 나오고 있고 하나의 광고가 소비자에게 노출될 수 있는 시간은 그리 길지 않기 때문이다. 그렇기에 광고인들은 자신이 맡은 광고가 소비자에게 효과적으로 도달 될 수 있도록 항상 고민해야 한다. 이처럼 소비자의 이목을 사로잡고 제품과 브랜드가 전달하고자 하는 메시지를 담은 광고를 만들어 내야 하는 광고인에게 가장 필요한 덕목은 창의력과 통찰력, 그리고 사물에 대한 호기심을 갖는 것이다.

⋯ 광고인에게 필요한 창의력은 '발명'이 아니다

데이비드 오길비와 함께 천재적인 크리에이터로 꼽히는 윌리엄 번벅은 1960년대 '크리에이티브 혁명'을 등장시킨 장본인이다. '광고계의 피카소'라 불리는 그는 고정관념을 뛰어넘는 창조적 발상으로 광고계에 혁명을 불러일으켰고, 현재에도 광고계의 신화 같은 존재로 기억되고 있다. 윌리엄 번벅의 광고 철학 중 하나는 '광고는 근본적이고 신선해야 한다'는 것으로 광고에서 창의력이 얼마나 중요한지에 대해 강조했다.

이처럼 '창의력'은 광고인에게 필수로 요구되는 덕목 중 하나이다. 틀이 정해진 광고란 없기 때문에 광고인들은 프로젝트를 할 때마다 새로운 틀을 개발하고 짜야 한다. 실제, 잡코리아 좋은일 연구소가 광고계에 종사하는 이들을 대상으로 '광고인에게 가장 필요한 역량이 무엇인지' 조사한 결과, '창의력'이 응답률 59.7%를 차지하며 반드시 필요한 역량 1순위에 꼽혔다.

광고인에게 창의력이 중요하다는 것은 취업 준비생들 역시 잘 알고 있는 사실이다. 그러나 대부분의 취업 준비생들이 '창의력'이란 무언가를 탄생시키거나 창조해야 하는 것으로 인식한다. 즉, '발명'의 개념에 가까운 창의력을 떠올리는 것이다. 하지만 광고인에게 필요한 창의력은 '발명'보다는 '발견'에 더 가깝다고 할 수 있다. 광고기획자 L은 "광고인이라면 에디슨이 아닌 콜럼버스가 돼야 한다"고 했다. 즉, 에디슨처럼 없던 기술이나 물건을 새로 생각해 만들어 내는 것이 아니라 기존 사실에서 미처 발견하지 못한 무언가를 알아내는 것이 광고인에게 필요하다는 것이다.

··· 생각을 뒤집으면 또 다른 길이 보인다

무언가를 발견해 좋은 아이디어를 얻기 위해서는 조금 다르게 생각할 줄 아는 감각이 필요하다. 역발상을 해보는 것도 하나의 방법이다. 역발상의 사전적인 의미는 '일반적인 생각과 반대가 되는 생각을 해내는 것'이다. 즉, 고정관념에서 벗어나 생각의 전환을 일으키는 것이다.

취업포털 잡코리아는 2012년, 총 7편의 시리즈 광고를 선보여 많은 직장인들에게 웃음과 공감대를 선사했다. 잡코리아는 광고를 통해 업무 시간 중 매일 졸고 있는 대리를 '대리인가, 밧데리인가'로 표현하는가 하면, 입만 떼면 거짓말을 하는 과장을 '과장인가, 극과장인가'로 묘사하는 등 여러 직급의 애환을 위트있게 표현했다. 특히 직장 내 본인을 불편하게 만드는 이들에게 '잡코리아를 추천하라'는 재미있는 역발상을 담아 많은 직장인의 공감을 얻었다. 어떻게 보면 위험할 수 있는 주제를 생각의 전환을 통해 위트있게 표현한 잡코리아 광고는 2012년 대한민국 광고 대상에서 '심사위원 특별상'을 수상했고, TV CF Awards 2012에서 '올해의 광고상'을 수상하는 영예를 안았다.

KT olleh는 간접광고(PPL)에 대한 역발상을 시도해 소비자들의 마음을 사로잡을 수 있었다. 드라마의 주인공과 상황, 캐릭터를 그대로 살려 광고에 이용한 것이다. 드라마 속에 제품광고가 들어가는 간접광고를 조금 다른 방식으로 접근하여 광고 속에 드라마를 넣는 방식을 선보인 것이다. 특히 KT는 광고가 실제 드라마가 방송되기 전·후에 노출되도록 하여 시청자에게 드라마가 시작된 듯한 착각이 들게 했다. 드라마를 이용한 광고 효과를 톡톡히 이용한 것이다.

간접광고에 식상함을 느낀 소비자들은 KT의 광고에 신선함을 느꼈고 광고를 선보인 지 2주 만에 유튜브 동영상 조회 수 55만 건을 기록했다. KT는 뜨거운 반응에 힘입어 광고 제작스토리를 담은 '메이킹 필름'을 공개하기도 했다. 그뿐만 아니라 해당 드라마를 검색할 때마다 광고 동영상이 함께 노출될 수 있었으며 광고에 사용된 음악마저 인기를 끌었다.

··· 통찰력을 끌어내라

TBWA KOREA 박웅현 전문임원은 자신의 저서인 《인문학으로 광고하다》에서 "광고는 잘 말해진 진실이다. 진실이 아니면 사회적인 호응을 얻을 수 없다. 그래서 인문학적 소양과 통찰력이 필요하다."라고 말했다. 이처럼 광고인에게 통찰력은 아무리 강조해도 지나치지 않을 정도로 반드시 갖춰야 하는 덕목이다.

통찰력, 즉 인사이트(Insight)는 상황 혹은 문제의 본질을 이해하는 것으로 겉으로 보는 것에 그치지 않고 그 속까지 꿰뚫어 보는 능력을 말한다. 흔히 광고에서는 소비자와 브랜드 사이에 자극을 줄 수 있는 것, 새롭게 해석할 수 있는 무엇으로 이해된다.

2000년대에 들어서면서 광고계는 '통찰력'을 보다 적극적으로 강조하고 활용했다. 과거 유명 연예인이나 제품의 장점만을 보여주던 사실 위주의 광고에서 소비자가 공감할 수 있는 광고를 선보인 것이다. 소비자의 마음 속을 읽는 듯하고 그들의 잠재 심리를 깨우는 광고를 흔히 '인사이트 광고'라 일컫는다. 인사이트 광고는 제품 소개에 치중하지 않는다. 소비자와 브랜드의 관계성을 새로운 관점으로 관찰하고, 흔히 볼 수 있는 일상에서 소비자가 심리를 찾아 공감대를 형성한다. 즉, 잘 알고 있는 것이지만 무심코 지나치는 것에서 의외의 발견을 통해 공감을 얻는 것이다.

허를 찌른 캐논

소비자의 인사이트를 파악해 주목받은 구체적인 사례를 살펴보자.

인사이트 광고를 논할 때 빼놓을 수 없는 것이 바로 캐논 광고다. 캐논은 2009년 "진짜 소중한 사진의 대부분은 지나가던 누군가가 찍게 된다."라는 카피로 일상 속에서 공감할 수 있는 상황을 연출했다. 대부분의 소비자들은 누군가에게 사진을 찍어달라는 부탁을 해봤을 것이다. 그리고 부탁한 사진을 보기 전 우리는 '사진이 잘 나와야 할 텐데'라는 걱정을 하게 된다. 캐논이 파악한 인사이트가 바로 이것이다. 캐논은 이러한 소비자의 심리를 발견하고 '누가 촬영하든 멋진 사진이 나온다'는 메시지를 담아 광고를 선보였다. 이 광고로 캐논은 소비자들의 많은 공감을 얻을 수 있었고 제품의 신뢰도 역시 높일 수 있었다. 또한 국내 최대의 광고 포털 사이트 TV CF 주최, 한국광고영상제작사협회가 후원한 'TV CF Awards'에서 그랑프리를 비롯해 캠페인 부분 최우수상, 전기·전자품목 최우수상을 거머쥐었다.

일상을 담은 아이폰

애플사의 아이폰은 소소한 일상을 보여주며 소비자들의 공감을 이끌었다. 아이폰이 출시된 지 얼마 지나지 않았을 때의 아이폰 광고는 제품을 설명하는 데 집중했다. 아무런 무늬가 없는 흰 바탕에 제품만 등장하는 광고로 어떤 기능이 있는지, 어떻게 작동하는지를 알렸다. 세상에 처음 선보이는 제품인 만큼 제품을 설명하는 데 충실했던 것이다. 그러나 전 세계 많은 아이폰 유저들이 생기면서 애플은 광고의 방향을 틀었다. 제품의 기능을 설명하기보다 소비자의 감성에 다가가기 시작한 것이다. 대표적인 것이 '아이폰5' 광고다.

아이폰5 광고는 국적이 각기 다른 사람들의 소소한 일상을 보여주며 일상 속에서 제품이 자연스럽게 녹아든 모습을 연출했다. 특히 이 광고에서는 "매일 그 어떤 카메라보다 많은 사진들이 아이폰으로 촬영됩니다(Every day, more photos are taken with the iPhone than any other Camera)."라는 카피를 더 해 아이폰이 우리 일상에 아주 밀접한 제품임을 강조했다. 더불어 이 카피는 휴대폰에 장착된 단점을 보완하고 장점을 부각하는 효과를 주고 있다. 휴대폰에 부착된 카메라는 콤팩트 카메라나 DSLR 등에 비해 성능이 좋지 않지만, 일상을 기록하고 공유하기에는 최적의 제품이라는 메시지를 전달하고 있는 것이다.

광고 음악도 소비자의 감성을 자극하는 데 한몫했다. 애플은 해당 광고를 위해 광고 콘셉트에 맞는 잔잔한 음악을 제작하여 음악과 내레이션, 영상이 잘 어우러진 감성적인 광고를 선보일 수 있었다.

인사이트로 주목 받은 카누

우리나라 인스턴트 원두커피 브랜드인 '카누'는 인사이트를 정확히 이끌어낸 캠페인으로 인정받았다. 사실 인스턴트 커피는 '저렴한 제품'이라는 인식이 강하다. 특히, 국내의 경우 전체 커피 시장에서 인스턴트 커피가 80%를 차지하지만, 해외의 경우 보통 10%의 점유율도 못 미치기 때문에 고급 커피라는 인식이 부족하다. 이에 카누는 '세상에서 가장 작은 카페(The Smallest Café in the World)'를 슬로건으로 삼아 캠페인을 진행했다. 이를 통해 카누는 인스턴트 커피도 충분히 카페 못지 않은 맛을 낼 수 있다는 점을 어필했고, 제품 패키지에 캠페인 메시지를 그대로 적용하여 제품 이미지를 한층 고급스럽게 만들었다. 그 결과, 카누는 출시 1년 만에 2억 잔 판매를 돌파하는 등 높은 매출을 기록했다. 또한 2013년 아시아 마케팅 효율성 페스티벌(Festival of Asian Marketing Effectiveness)에서 국내 브랜드 최초로 베스트 인사이트 부문에서 동상을 수상하는 영예를 안았다.

… 관찰 없이는 좋은 아이디어가 나오지 않는다

르네상스 시대 천재적인 화가이자 과학자인 레오나르도 다빈치는 매일 밖에서 흥미로운 것을 발견하고 관찰하는 습관을 들였다. 좋은 그림을 그리기 위해서는 사물이나 현상에 대한 관찰이 필요하다고 판단한 것이다. 광고 역시 마찬가지다. 모든 광고인들은 소비자의 마음을 사로잡을 수 있는 아이디어를 내야 한다. 이때 사물 혹은 소비자에 대한 관심이 없다면 좋은 아이디어를 얻기 힘들다.

관찰은 인사이트를 이끌어내는 데도 연결된다. 소비자의 인사이트를 정확히 이끈 광고들의 공통점은 일상 속에서 그들과 브랜드 사이의 '공감대'를 형성한다는 것이다. 따라서 인사이트, 즉 통찰력을 발전시키는 가장 좋은 방법은 주변과 사람들에 대한 끊임없는 관심과 관찰하는 자세다. 여기서 핵심은 문제의식을 느끼고 관찰하는 것이다. 가령, 같은 신호등을 봐도 이를 그냥 지나치는 사람과 문제의식을 갖고 사물을 관찰하는 사람이 있다고 하자. 그렇다면 전자보다는 후자가 인사이트를 발견할 확률이 높은 것이다.

··· 광고천재 이제석의 뛰어난 관찰력

'광고천재'로 불리는 이제석 광고 연구소의 이제석 소장은 국내뿐 아니라 세계적으로 인정받는 광고장이다. 그의 광고는 단순한 비주얼에 매체와 사물을 이용한 기발한 아이디어가 더해져 많은 이들의 공감을 얻고 있다. 특히, 그는 세계 여러 공모전에서 수상의 영예를 안았는데 가장 유명한 광고 중 하나가 총구와 공장 굴뚝으로 대기오염의 위험을 표현한 옥외광고다. 그는 총구가 위로 향해 있는 사진을 공장 굴뚝 바로 아래에 올 수 있도록 설치해 총에서 매연이 나오는 듯한 이미지를 연출했다. 이와 함께 그는 "대기오염으로 한 해 6만 명이 사망합니다."라는 카피를 함께 구성하여 대기오염의 위험성에 대한 경각심을 일깨웠다. 그는 이 광고로 세계 4대 광고제 중 하나인 '원 쇼(The One Show Awards)'에서 최고상을 받았다.

‘뿌린 대로 거둔다(What goes around comes around)’는 메시지를 담은 광고에서도 그의 사물에 대한 시각과 창의력을 엿볼 수 있다. 이 광고는 군인이 겨눈 총구가 결국 자신에게 돌아오는 이미지와 커다란 탱크가 발사한 총이 본인에게 되돌아온다는 반전 메시지를 담고 있다. 신선한 발상이 담긴 이 광고는 국제 광고 공모전에서 그에게 총 10개의 메달을 안겨줬다.

이 외에도 그는 건물 천장에 있는 형광등을 치아로 표현한 치아 미백 광고, 유리로 된 엘리베이터의 몸체와 외부 벽을 활용해 엘리베이터가 움직일 때 초코과자를 우유에 넣는 것처럼 보이게 한 제품 광고 등의 사물을 다르게 보는 시각으로 기발한 광고를 선보여 전 세계적으로 러브콜을 받는 광고인이 될 수 있었다.

홍보인의 필수 덕목, 커뮤니케이션 능력

홍보는 일방적으로 제품이나 서비스를 알리는 것이 아니라 관계를 형성하는 것이다. 따라서 커뮤니케이션 능력은 홍보인이 필수로 갖춰야 하는 덕목이다. 실제로 홍보 기획부터 실행까지 커뮤니케이션이 필요하지 않은 과정은 없다. 새로운 클라이언트를 만날 때나 그들에게 새로운 홍보 전략을 선보일 때는 설득의 커뮤니케이션이 필요하며, 긴급히 처리해야 할 상황이 발생했을 때는 위기 커뮤니케이션이 필요하다. 홍보인에게 있어 위기 대처 능력 또한 빼놓을 수 없는 중요한 역량이다. 적절한 위기 대처가 이루어지지 않았을 시 기업이 입는 이미지 손상은 심각하다. 즉각적인 대응이 이루어지지 않으면 부정적인 이미지가 대중에게 그대로 각인될 수 있고 한 번 자리 잡은 이미지는 쉽게 바뀌지 않기 때문이다.

 예비 홍보인이 알아둬야 할 커뮤니케이션 유형

실제 사례를 살펴보기에 앞서 간단하게 커뮤니케이션의 이론에 대해 알아보도록 하자. 커뮤니케이션은 형태에 따라 대인 커뮤니케이션, 조직 커뮤니케이션 등으로 나눌 수 있다. 최근에는 SNS의 발달로 소셜 커뮤니케이션이라는 개념도 생겨났다.

대인 커뮤니케이션이란 두 사람 또는 소수의 사람들 사이에서 발생하는 대면적 상호작용으로 구두, 기록, 비언어적 유형으로 구분할 수 있다. 구두는 커뮤니케이션의 가장 기본이 되는 것이며, 대부분의 커뮤니케이션은 구두에 의해 이루어지지만 중요한 내용이거나 기록으로 남아야 할 경우 기록에 의한 커뮤니케이션을 한다. 비언어적 유형은 몸짓이나 자세, 제스처 같은 신체언어를 일컫는다.

조직 커뮤니케이션은 그룹이 행하는 것으로 이는 다시 공식적 커뮤니케이션과 비공식적 커뮤니케이션으로 나눌 수 있다. 기업에 있어서 필수적으로 다루어야 하는 커뮤니케이션이다. 공식적 커뮤니케이션은 상사의 명령이나 지시, 하급자의 보고나 아이디어 제안 같은 형태로 나타난다. 비공식적 커뮤니케이션은 상사와 부하 같은 공식적인 조직 구조에 의한 것이 아니라 자연발생적으로 이루어진 의사소통을 말한다. 친화, 학연, 지연 같은 계기로 형성되는 관계에서의 커뮤니케이션이 이에 속한다.

커뮤니케이션 유형	내용
사슬형	상하로 이루어지는 커뮤니케이션 공식적인 명령계통
수레바퀴형	한 사람의 감독자에게 보고하는 체계 다른 구성원은 중심인물과만 커뮤니케이션 가능
Y형	사슬형과 수레바퀴형 혼합 두 사람의 상사로부터 명령과 지시를 받음
원형	구성원 간 상호작용이 분산됨 위원회처럼 구성원 간 위치가 동등한 조직에서 볼 수 있는 유형
스타형	비공식적 커뮤니케이션 네트워크 형태 특별한 리더 없이 자유로운 커뮤니케이션 가능

커뮤니케이션 네트워크 유형

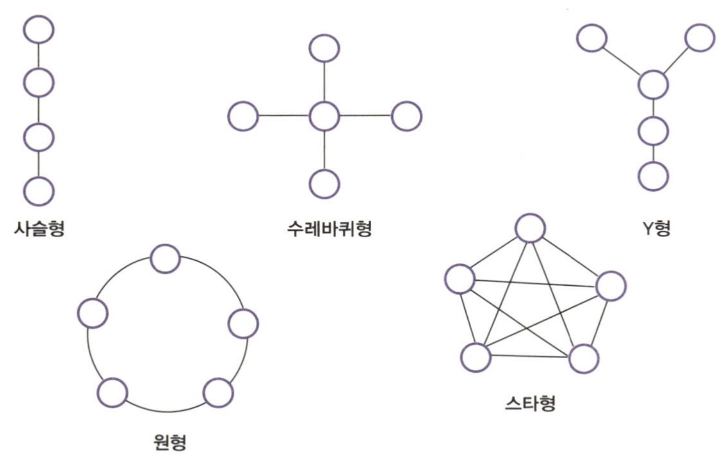

이제 다양한 실패와 성공 사례를 통해 커뮤니케이션 능력의 중요성을 살펴보자.

... 커뮤니케이션을 잘하려면 '설득'하는 법을 배워라

펩시는 1993년 워싱턴에 사는 고객으로부터 "먹다 남은 펩시 캔 안에서 주사기가 발견되었다."라는 신고를 받는다. 이를 시작으로 미국 전역에서 펩시 캔 안에서 주사기 등의 이물질이 나왔다는 신고가 접수됐다. 미국 펩시 CEO 크레이그 웨더럽은 작업공정상 캔 속에 주사기가 들어갈 리 없다고 판단했고 식품의약청장 데이비드 케슬러 역시 이 같은 신고 내용에 대해 의심을 하고 있었다. 이에 펩시는 내부적으로 미 전역 4백여 개 관련 회사 직원들에게 매일 상황을 업데이트해주어 조직이 혼란에 빠지는 것을 방지했으며, 대외적으로는 소비자 담당 직원들과 대변인들이 소비자와 미디어에 대응했다. 법무 담당과 정부 관계 담당, 과학 담당 부서까지 동원되어 사태의 진실을 파악하기 위해 노력했다.

미디어의 인터뷰 요청에 웨더럽은 캔 안에 주사기가 들어갈 수 없다는 것을 보여주기 위해 펩시 제작 공정을 영상으로 만들어 공개했고, 한 소비자가 펩시 캔 안에 몰래 주사기를 넣는 장면이 촬영된 슈퍼마켓의 CCTV 영상 또한 공개했다. 그 후로 주사기가 나왔다는 신고는 더는 나오지 않았다. 조사 결과, 이 신고는 허위 사실로 판명되었으며 허위 사실 유포로 총 20여 명이 체포되었고 위기는 무사히 해결되었다.

펩시의 위기 대처 성공에는 신속함과 내부적 커뮤니케이션의 원활함이 주효했지만 무엇보다 식품의약청의 협력이 가장 큰 힘을 발휘했다. 미국 식품의약청은 1989년 타이레놀 독극물 사건 이후 모든 식품의 변조 사건에 즉각적으로 대응하고 전문적인 조언이나 과학적 증거를 제시할 수 있는 법의학 전문가들로 구성된 센터를 설립했다. 펩시의 해명에 식품의약청이 전문센터의 조사 결과를 통해 지지를 해주면서 소비자에게 신뢰를 준 것이다. 혐오스러운 사건에서 소비자들은 기업의 해명을 변명으로 생각하는 경우가 많기 때문이다. 이처럼 과학적이고 논리적인 증거가 필요한 위기 상황에서는 정부기관이나 공신력 있는 기관의 협조가 설득의 필수요소로 작용할 수 있다.

… 위기 상황에 대처하는 홍보인의 자세

위기 대처 방법은 사전 위기관리, 위기 발생 시 대응 부분, 사후 단계 부분으로 나눌 수 있다. 사전 위기관리는 예측 가능한 위기와 관련된 정보를 수집하고 위기관리 매뉴얼을 작성하며 위기관리팀을 조직하는 단계다. 위기 발생 시에는 신속하고 정확한 커뮤니케이션이 이뤄져야 한다. 일반적으로 상사들에게는 의사결정을 위한 정보가 부족하고 실무자들에게는 결정권이 없기 때문에 원활한 커뮤니케이션은 필수다. 또한 인터넷과 각종 SNS의 발달로 어떤 문제가 생겼을 시 그 파급 속도는 대단히 빨라졌기 때문에 신속한 대처 또한 그 어느 때보다 중요해졌다. 사후 단계는 위기 종료 후 이미지 회복과 교육에 해당한다. 겪은 위기상황을 바탕으로 위기관리 매뉴얼을 보완하고 내부적 커뮤니케이션 체계를 제고하는 단계다. 이를 통해 다음 위기가 발생했을 시 좀 더 효과적으로 대처할 수 있게 된다.

홍보회사의 PR컨설턴트라면 클라이언트와 미디어 사이에서 이 상황을 잘 다루어야 하며 어떻게 해야 무너진 기업과 브랜드의 이미지를 빨리 회복할 수 있을 것인가를 고려해야 한다. 기업에 속한 홍보담당자라면 미디어나 대중 같은 외부 요인뿐만 아니라 내부 요소도 염두해야 한다. 타 부서의 동료가 부정적인 이슈와 회사의 입장에 대해 알고 있지 않으면 상반된 해명으로 소비자에게 더 혼란을 주어 상황이 악화될 수 있기 때문이다.

회사 내부에서의 커뮤니케이션 부족으로 위기 상황을 더 악화시킨 사례로 페리에의 경우를 들 수 있다. 미국의 탄산수 제품인 페리에는 1990년 미국 내 모든 자사 제품을 자발적으로 리콜했다. 1989년 6월부터 1990년 1월까지 생산된 제품에서 추출한 일부 표본에서 미연방 기준치(5ppb)보다 높은 수치의 벤젠(11~18ppb)이 검출된 것이 그 이유였다. 미국 페리에 사장 로널드 데이비스는 "아직 오염의 이유조차 모른 상태에서 벤젠 문제는 미국에만 국한된 것"이라고 말했다. 그러나 프랑스 본부는 미국 공장에서 병에 생수를 넣는 과정에서 세척액이 실수로 들어갔으며 프랑스 수원지는 안전하다고 발표했다. 그러나 며칠 후 전 세계 시장 제품 중 해당 기간의 생산 분량이 모두 오염되었음이 밝혀졌다. 이 때문에 프랑스에서도 리콜을 하게 되었는데, 일부 페리에 임원들은 "프랑스 베르게즈(Vergeze) 지하천에서 물을 끌어올리는 파이프 필터가 더러웠기 때문에 벤젠이 들어갔다."라고 해명한 반면, 페리에 해외 담당 사장 프레드릭 짐머는 "페리에는 원래 벤젠을 포함한 가

스가 포함될 수밖에 없다."라는 해괴한 설명을 했다. 이렇듯 상반된 해명으로 페리에는 회사의 신뢰도를 크게 떨어뜨렸다. 회사의 주가는 일 년 만에 1/3이 하락했으며, 당해 주당 수익률은 18% 감소했고, 영업이익은 21%가 하락했다. 페리에는 구조 조정 등으로 경영 악화와 실적 하락을 극복해보려고 노력했으나 결국 1992년 네슬레에 인수됐다.

··· 위기 대처의 기본은 신속과 정확이다

취재 중 만난 홍보회사의 한 PR컨설턴트는 일 년에 한두 번 정도는 꼭 위기 상황과 당면하게 된다고 말해주었다. 그렇다면 이러한 사태에 직면한 홍보담당자의 올바른 자세는 무엇일까? 다음의 사례를 통해 알아보자.

2008년 4월 베이징 올림픽 성화봉송이 티베트 독립 지지자 중 한 사람의 방해를 받는 사건이 발생한다. 이 영상은 4월 8일 중국의 온라인 커뮤니티에 게재되었으며, 한 네티즌이 4월 10일 "프랑스 제품 불매운동, 까르푸부터 시작하자."라는 글을 올리면서 까르푸 불매운동이 시작됐다. 당시 까르푸는 티베트의 정신적 지도자 달라이 라마를 지원했다는 중국인들의 의혹을 받고 있었기 때문이다. 이튿날 이 사실을 알게 된 까르푸 중국에서는 문제를 크게 인식하지 않았다. 다른 지역 까르푸에서는 4월 13일에 이 사건을 알게 되었다. 비효율적인 커뮤니케이션 체계를 그대로 보여준 셈이다. 무대응이 관례였던 까르푸는 사건의 확산을 파악하고도 묵묵부답으로 일관했다. 당일 온라인에서만 이야기되던 불매운동이 오프라인에서 실제 발생했고, 이날의 시위를 시발로 중국 각 지역으로 불매운동이 확산되었다. 4월 14일 각종 언론매체가 관심을 가지고 인터뷰 요청을 해왔지만 "총본부에서 어떤 지시도 없었다."고 까르푸 PR부서는 대답을 회피했다. 4월 15일이 되어서야 까르푸는 처음으로 입장을 기사화했다. 까르푸는 "달라이 라마에게 자금 지원을 한 적이 없으며 티벳 독립을 지지하지 않는다."라고 밝히며 정치적 또는 스포츠에 개입되는 것을 원하지 않는다고 해명했다. 그러나 자사 중국어 홈페이지에 발표한 해명문에는 "절대적으로 2008 베이징 올림픽을 지지한다."라고 하여 언론과 중국 네티즌의 비난을 받았다. 이 탓에 까르푸는 중국의 노동절 연휴에도 불구하고 손님이 크게 줄어 매출 하락을 겪게 되었다. 까르푸는 이 사태에서 늑장 대응을 했을 뿐만 아니라 내부 커뮤니케이션 부족으로 정확하지 못한 해명을 하여 브랜드 이미지에 큰 타격을 입었다.

까르푸에 반해 맥도날드는 신속하고 일관된 대응으로 위기 상황을 모면할 수 있었다. 2008년의 사례를 살펴보자. 2008년 한·미 쇠고기 협상 타결로 미국산 쇠고기 수입이 결정됨에 따라 '광우병 쇠고기' 우려로 사회적 갈등이 야기되었다. 이때 쟁점이 되었던 부분이 '30개월령 이상 소를 수입하는가, 그렇지 않은가'였다. 광우병이 주로 30개월령 이상 소에서 나타난다는 점 때문이었다. 이에 광우병 쇠고기 사태를 다룬 MBC 〈손석희의 100분 토론〉에 출연한 임헌조 뉴라이트전국연합 사무처장은 "미국에서는 30개월 이상 된 소의 살코기뿐만 아니라 그 내장까지 햄버거 패티 재료로 사용한다."라며 맥도날드를 언급했다.

　임 처장의 발언 이후 쇠고기 수입 반대론자들이 맥도날드에 항의하기 시작했고, 네티즌들이 한국 맥도날드 홈페이지에 몰려 서버가 다운되기도 했다. 맥도날드는 6일 오후 긴급 보도자료를 배포, "한국 맥도날드는 1995년부터 호주산 쇠고기만 쓰도록 규정되어 있으며, 전 세계 맥도날드도 30개월 미만의 살코기만 쓴다."라고 해명하며 임 처장의 말이 사실이 아님을 밝혔다. 맥도날드의 이 같은 조치는 12시간 이내에 빠르게 이루어졌으며, 전화 대응도 일관되게 호주산 쇠고기 사용이라는 입장을 보였다. 또한 뉴라이트전국연합과 접촉하여 임헌조 사무처장의 발언이 잘못된 것임을 밝히는 해명 보도자료를 내도록 했다. 맥도날드는 위기 대처 시 가장 중요한 요소가 신속하고 일관된 조치라는 것을 인지하고 있었던 것이다.

광고 홍보직, 풍문의 실체를 밝히다

실무경험이 없는 취업 준비생들은 아무래도 해당 직무에 대한 정확한 정보를 얻기 힘들다. 특히 연봉이나 근무 분위기는 직접 확인하기 어려운 부분이기 때문에 사실을 파악하는 데 한계가 있다. 그러다 보니 취업 준비생들은 온·오프라인에서 떠도는 소문에 솔깃할 수밖에 없다. 그런데 문제는 취업 준비생들 사이에서 떠도는 소문 10개 중 5개는 사실과 전혀 다르다는 것이다. 이에 잡코리아 좋은일 연구소는 광고 홍보직으로 취업을 희망하는 취업 준비생들이 가지고 있는 대표적인 궁금증을 들고 업계 실무자들에게 직접 물어 사실을 확인해봤다.

··· 기업 홍보팀은 사내 공모를 통해 인원을 충원하는 경우가 더 많다?

기업 홍보팀은 일부 대기업을 제외하고는 신입 채용이 활발하게 이뤄지지 않는 편이다. 신입 채용이 드문 데다 다른 직무에 비해 취업 포털 상에서 홍보직 채용 공고를 쉽게 접할 수 없기 때문에 홍보팀은 사내 공모를 통해 인원을 충원한다는 오해가 생기기 쉽다. 하지만 기업 홍보팀은 경력직 채용이 더 많다. 물론, 사내에서 지원을 받아 내부이동을 하는 경우도 있지만 이러한 케이스는 드물다. 경력직 채용이 80%라고 치면, 사내 공모를 통해 인원을 충원하는 경우는 10% 정도밖에 되지 않는다. 그리고 나머지 10%가 신입 홍보사원 채용이다.

··· 광고업계의 불문율로 꼽히는 높은 이직률

광고업계에서는 높은 이직률을 당연하게 받아들인다. 경력을 쌓기 위해 이직이 필수라고 생각하는 것이 업계 분위기다. 작은 대행사에서 경력을 쌓아 큰 광고회사로 이직하는 경우도 많고, 더 높은 연봉을 제시받고 경쟁 광고기획사로 옮기는 경우도 다반사다. 때문에 회사를 옮기다 보면 같이 일했던 동료나 선배를 만나는 경우가 많아 인맥이나 평판관리를 잘 해둬야 한다.

한편, 동종업계로 이직하는 경우도 많지만 아예 직무를 바꾸는 경우도 있다. 특히 광고의 화려한 면만 바라보고 도전한 이들은 높은 업무 강도를 이기지 못하고 그만두는 경우가 많다. 또 광고기획자 중에는 광고 쪽 경력을 쌓아 광고주에 스카우트되거나 대행사가 아닌 일반 기업 마케팅팀에 지원해 이직하는 경우도 종종 있다.

... 야근은 필수, 주말근무는 옵션

광고계에서 높은 이직률과 함께 불문율로 꼽히는 것이 야근이다. 광고업계에 속하는 직무 대부분은 데드라인을 반드시 지켜야 한다. 또한 광고주의 스케줄에 맞춰 진행해야 하는 업무가 많기 때문에 다른 직무보다 야근이 잦은 편이다. 특히, 광고를 제작하고 만드는 사람들은 촬영기간의 대부분을 현장에서 지낸다. 짧은 기간 안에 촬영을 끝내야 할 때는 밤샘 작업도 한다. 워낙 유동적인 스케줄에 따라 진행해야 하는 일이다 보니 아무래도 야근이 많을 수밖에 없고, 개인스케줄을 조정하기 힘든 편이다.

하지만 홍보 직무는 광고업계 비해 야근이 많은 편이 아니다. 기업마다 다르긴 하지만 기업 홍보팀은 특별한 이슈가 발생하지 않는 이상 야근이 많지 않다. 홍보대행사는 클라이언트나 기자들이 급하게 자료나 협찬을 요청하는 경우가 있어 정시 퇴근보다 2~3시간 정도 늦게 퇴근하는 경우가 많다. 하지만 주말 근무는 거의 없다.

... 기업 홍보팀은 외모를 보고 채용한다?

홍보팀은 기자, 업체 등 외부와 가장 많은 접촉을 하는 부서인 만큼 기업을 대표하는 얼굴이다. 또한 외모가 경쟁력이 되는 시대인 만큼 단정한 외모가 플러스 요인이 될 수 있겠다. 하지만 외모가 채용의 기준이 되는 것은 아니다. 다른 직무와 마찬가지로 해당 직무에서 필요로 하는 역량과 직무 적합성이 채용할 때 가장 우선시 된다. 화려한 외모보다 상대에게 호감을 줄 수 있는 이미지를 갖추고 있다면 오히려 더 강점이 되기도 한다.

... 광고제작은 어느 팀에서 하는 거야?

적지 않은 취업 준비생들이 홍보와 광고를 연결시켜 생각한다. 하지만 광고가 기업을 홍보하는 하나의 수단이긴 하지만 광고의 뿌리는 마케팅이다. 때문에 홍보팀에서 광고까지 맡는 경우는 극히 드물며, 일반적으로 기업광고는 마케팅팀이나 광고팀이 광고대행사와 함께 업무를 진행한다. 요즘에는 홍보와 마케팅의 경계가 허물어지면서 홍보 마케팅팀으로 부서 명칭을 바꾸는 경우도 많은데, 이 경우에는 마케팅 업무를 맡는 담당자가 광고를 집행한다.

... 광고대행사와 홍보대행사는 박봉이다?

광고대행사와 홍보대행사의 연봉은 높지 않다. 특히 홍보대행사의 경우 규모가 작은 곳이 많기 때문에 연봉이 박하다. 그나마 규모가 있는 곳이면 2천만 원 후반까지 받을 수 있지만 작은 곳은 보통 2천만 원 초반인 경우가 많다. 광고대행사는 삼성, 롯데, 한화, 현대자동차그룹, LG 등의 대기업에 속한 인하우스 회사나 외국계 광고대행사라면 복지도 좋고 연봉도 적지 않다. 그러나 독립광고 대행사나 규모가 작은 에이전시 회사의 경우에는 아무래도 연봉이 적은 편이다. 실제, 광고 에이전시에 근무하는 AE를 만나 연봉에 관해 물었더니, "일하는 목적이 돈을 많이 벌기 위해서라면 적합한 직업은 아니다."라고 귀띔했다. 하지만 홍보나 광고 모두 신입 채용 보다 경력직 채용의 비율이 높은 편이기 때문에 작은 규모의 회사에서 경력을 쌓고 이직을 통해 연봉을 올리는 것도 좋은 방법이다.

... 홍보대행사에 취업하려면 포토샵이나 일러스트 자격증은 필수인가?

광고나 홍보 직무를 꿈꾸는 취업 준비생 중에서는 포토샵이나 일러스트 자격증이 있어야 유리할 것으로 생각하는 경우가 많다. 그러나 자격증이 있다면 업무에 활용할 수 있긴 하지만 반드시 요구되는 것은 아니며, 취업 시 가산점이 주어지는 것도 아니다. 홍보대행사는 클라이언트의 제품이나 브랜드를 어떻게 홍보할 것인지에 대한 전략을 짜고 대중들에게 알리는 역할을 한다. 주 업무가 기자미팅, 보도자료 작성 등이기 때문에 포토샵이나 일러스트를 할 줄 아는 것보다는 글을 잘 쓰는 것이 더 중요하다.

광고와 홍보, 어떻게 변했을까?

기업 경영에 있어 광고와 홍보는 떼려야 뗄 수 없는 불가분의 관계다. 흔히, 광고를 가리켜 '자본주의의 꽃'이라고 부르는데 이는 광고가 소비 욕망을 부추김으로써 기업에 이윤을 가져다주는 견인차 구실을 하기 때문이다. 실제로 큰 비용을 투자해 멋지게 제작한 한 편의 광고는 그에 상응하는 이익을 가져다준다.

홍보도 마찬가지다. 단순히 '무언가를 알린다'는 기능적 목적을 넘어 기업의 전략적 파트너로서의 역할을 톡톡히 해낸다. 홍보를 통해 기업과 소비자가 커뮤니케이션 할 수 있고, 소비자의 인식을 변화시키는데 일조할 수 있다. 또한 사회적으로 트렌드를 형성해 특정 문화나 인식이 자리 잡히도록 하는 것도 홍보의 힘이다.

이처럼 광고와 홍보가 기업 경영에 미치는 영향이 크다 보니 기업 간 경쟁이 치열해질수록 광고 및 홍보 전략들도 다양화되고 있으며,

기업들의 경영 전략이 변함에 따라 광고와 홍보의 역할도 변화를 같이 해 왔다.

광고와 홍보 영역은 매우 발 빠르게 변화하고 있으며 그 속도는 점차 더 빨라질 것이다. 이에 예비 광고 홍보인이라면 과거부터 현재까지 해당 분야의 트렌드가 어떻게 바뀌어 왔는지 살펴보고 미래를 예측하는 자세를 가질 필요가 있다.

... 소통의 중요성이 강조되면서 홍보팀 명칭도 변해

홍보는 기업이 전하고자 하는 메시지를 대중에게 전달하는 것이다. 이에 홍보팀 실무자들은 기업의 소식을 글로 정리해 언론에 배포하는 일을 한다. 이는 과거부터 지금까지 기업 홍보 실무자가 담당해야 할 주요 업무 영역이다. 하지만 최근에는 기업이 대중에 일방적으로 메시지를 전달하는 것을 넘어 기업과 대중의 쌍방향 소통이 중요해지고 있다. 이러한 변화에 따라 홍보팀의 명칭도 달라지고 있다. 과거에는 홍보팀 또는 PR팀이라는 팀명이 일반적이었지만 최근에는 커뮤니케이션팀으로 팀명을 바꾸는 기업들이 늘고 있는 것이다.

한편, 팀 명칭의 변화에 따라 홍보 실무자들이 담당해야 할 업무 영역 또한 달라지고 있다. 대표적으로 사내 커뮤니케이션과 SNS 관리 업무를 꼽을 수 있다. 기업 내부 직원들끼리의 소통이 기업 경영에 주요 변수로 작용한다는 사실이 알려지면서 이제 홍보 실무자들은 일반 대중과의 커뮤니케이션뿐 아니라 기업 내부 고객 즉, 임직원들과의 소통을 위한 실무도 처리해야 한다. 또한 내부 직원 간의 원활한 커뮤니케이션을 위해 사보 및 뉴스레터 제작, 사내 캠페인 진행, 소통 플랫폼 (인트라, 기업형 SNS 등) 개발 및 관리 등의 업무도 수행한다.

SNS 관리는 최근 5년 사이에 홍보 업무에서 매우 중요한 부분으로 떠오른 영역이다. 스마트폰의 등장으로 인해 주요 홍보 채널이 일간지에서 인터넷, 그리고 모바일로 옮겨지면서 실무자들의 업무 비중도 달라지고 있는 것이다. 과거에는 일간지 신문 기자들에게 제공할 보도자료 작성 및 배포에 업무 시간의 팔 할을 할애했다면, 최근에는 블로그와 페이스북, 트위터 등에 기업의 콘텐츠를 올리고 일반 대중들과 소통하는 데 더 많은 시간과 노력을 할애하는 추세다.

한편, 홍보 전략도 시대에 따라 달라지고 있다. 과거에는 위기상황 발생 시 해당 사실을 숨기는 것이 현명한 홍보전략이었다면, 요즘은 솔직하게 사실을 인정하고 문제 해결 방안을 신속히 내놓는 것이 가장 효과적인 위기관리 대응책으로 떠오르고 있다. 이는 사회적으로 기업의 윤리 경영을 요구하는 인식과 함께 달라진 홍보 전략이라고 볼 수 있다. 최근 10~20년 사이에 전 세계적으로 기업 윤리에 대한 관심이 부쩍 커졌다. 이러한 현상은 지난 1999년에 체결된 경제협력개발기구(OECD)의 '뇌물 방지 협약'을 통해 더욱 심화되었고, OECD 회원국인 우리나라에서도 윤리경영이라는 세계적인 흐름에 부응하여 정부나 기업에서 국제 상거래 뇌물방지법 및 부패방지법 제정, 기업 경영의 투명성 확보 등과 같은 형태로 기업 윤리 확립을 위해 힘쓰게 된 것이다.

··· 산업화의 궤적과 함께해 온 광고의 역사

광고는 시대의 변화에 맞춰 매우 다양한 모습으로 변모해 왔다. 특히 산업의 발전 그리고 매체의 발달에 매우 민감한 영향을 받으며 진화했는데, 광고의 역사를 거슬러 올라가면 근대화와 현대화를 한 눈에 아우를 수 있을 정도다.

광고의 태동은 활자의 탄생과 함께했다. 구텐베르크(15세기 독일의 활판 인쇄술 발명가)에 의해 활자 인쇄가 가능해 짐에 따라 전단지 등에 광고를 싣는 것이 가능해졌다. 하지만 당시의 광고는 상품을 판매하기 위한 목적이라기보다는 개인의 신상을 알리는 내용이 광고의 많은 부분을 차지했다. 가령, 집에서 키우던 값비싼 소를 잃어버렸는데 생김새가 이러하니 발견하는 사람은 주인에게 알려달라는 내용과 같은 개인적인 신상에 대한 내용이었다.

하지만 산업혁명을 거치면서 기업들의 대량생산이 가능해졌고 특히, 자동차와 열차 등 장거리까지 빠르게 물건을 이동시킬 수 있는 교통수단의 발달과 맞물려 기업들은 자사 제품을 광범위하게 알리기 위해 본격적으로 광고를 내보내기 시작한다. 하지만 당시만 해도 소수의 대기업만이 비용을 지불하고 광고를 집행할 수 있었기 때문에 광고의 내용은 매우 일방적이고 딱딱했다. 우리 회사에 이런 좋은 제품이 있으니 구매하라는 식의 메시지를 전달하는 광고였다.

하지만 근대화를 거치면서 다양한 전기기기가 등장하는데 이는 인쇄물에 한정됐던 광고의 영역을 음성과 영상으로 확대하는 계기를 가져다 주었다. 대표적인 것이 라디오를 이용한 음성 광고다. 1930년대 후반 이미 미국에서는 라디오가 대중화되었고, 국내에는 1957년 삼양전기, 1958년 금성사가 국내 최초로 라디오 생산을 본격적으로 생산하면서 1960대 들어 각 가정에 라디오 보급률이 급격히 증가하였다. 이에 광고주들은 전단지와 신문 등 인쇄매체 외에도 라디오를 통해 자사 광고를 내보내기 시작한다.

한편, 1960년대 까지만 해도 광고를 내보낼 수 있는 매체는 신문과 잡지 등 인쇄물, 그리고 라디오가 전부였다. 때문에 강렬한 광고 메시지를 뽑아내는 것이 광고 성패의 주요 요인이었다. 따라서 '카피라이터의 시대'라 불릴 정도로 광고 문구를 창안해 내는 카피라이터의 역할이 막중했다.

하지만 1966년 금성사가 국내 최초로 TV를 판매하기 시작하면서 본격적으로 광고 영상이 만들어지기 시작했다. 이러한 매체의 변화에 따라 문구보다는 영상이 광고의 성패를 가르는 주요 요인으로 부상하기 시작했다. 특히 컬러 TV의 보급은 광고에 세련미를 더하려는 노력을 촉발하는 계기가 됐고 비주얼 중심의 광고 제작이 본격화되었다.

1990년대 후반 인터넷 시대로 넘어오면서는 광고의 콘셉트가 바뀌기 시작한다. 기존 광고가 기업과 제품의 고급스러움과 우아한 이미지를 연출하는 것에 초점이 맞춰져 있었다면, 인터넷 세대를 겨냥한 재미있고 신선한 아이디어가 녹아 있는 '펀(fun) 광고'가 제작되기 시작한 것이다.

이러한 변화는 2010년 이후 스마트 기기의 등장으로 인해 소셜 미디어 시대가 도래하면서 점차 본격화된다. 특히 이 광고가 어떤 제품의 광고인지 애매모호해서 호기심을 불러일으키는 티저(Teaser)광고와 촌스러움을 강조한 키치(Kitch)광고가 유행처럼 번지기 시작한다. 또한 예전의 광고가 고급스럽고 우아한 이미지를 연출하는 것이었다면 최근에는 10~20대 소비층을 겨냥한 광고가 만들어지다 보니 그들 세대에서 유행하는 B급문화, 병맛 코드도 광고계의 새로운 트렌드로 떠오르고 있다.

최초의 광고 무엇이었을까?

인류 최초의 광고에 대해서는 여러 가지 설이 있지만 크게 두 가지를 꼽을 수 있다. 첫째, 바로 매춘광고다. 매춘광고는 대리석에 새겨져 있는데, 대리석에는 어떤 글도 쓰여 있지 않다. 단지 이미지 네 개만 있을 뿐이었다. 여자, 발, 하트 그리고 동그라미. 이 이미지를 해석해보면, 여자를 만나고 싶다면 걸어서 와라. 그러면 사랑(?)을 찾을 수 있다. 단, 발 사이즈는 이보다는 커야 하고 돈(동그라미)이 있어야 한다는 것이다.

이는 1972년 일본 광고회사 덴츠가 발간하는 덴츠호를 통해 "세계 최고의 광고가 터키 서해안에 위치한 에페소스(Ephesos)에서 발견되었다."라고 보도함으로써 알려졌다. 에페소스는 터키 이즈미르(Izmir)의 남서쪽 약 50km 지점에 위치했던 곳으로 상업중심지로 발전하여 B.C. 7세기 ~ B.C. 6세기에 최전성기를 누렸다. 경제적으로 호황을 누렸던 만큼 매춘사업도 성행됐을 것으로 추측되는데 더 많은 손님을 효과적으로 끌어들이기 위해 이처럼 광고를 만들게 되었을 것으로 추정된다.

둘째, 도망간 노예를 잡아달라는 현상수배 광고다. 고대 이집트 테베의 유적에서 파피루스(*고대에 사용했던 종이)로 발견됐다. 그 내용은 이렇다. "남자 노예 '셈'이 선량한 주인 '하푸'로부터 도망을 쳤습니다. 테베의 선량한 시민 여러분. 그를 잡는데 협조해주세요. 그는 신장 5피트 2인치(157.48cm)로 얼굴은 붉고 눈은 갈색입니다. 그가 있는 곳을 알려주시는 분들께는 금환(gold ring) 반 개를 드리고, 하푸의 가게로 데리고 오시면 금환 1개를 드립니다. 하푸의 가게는 최상의 옷을 만들고 있습니다.”

놀라움 그 자체다! 노예를 찾기 위한 정보를 제공하며, 시민들을 설득할 뿐만 아니라 자신의 가게까지 홍보하고 있지 않은가! 현대 광고의 형식을 모두 담고 있다.

우리나라 최초의 광고는 1886년에 창간된 주간지 《한성순보》에 실린 ‘세창양행’의 지면 광고다. 세창양행은 독일계 무역회사로 당시 광고에서는 독일에서 수입된 많은 물품들이 소개되고 있다. 내용인즉, 세창양행이 호랑이, 수달피, 흰담비 등 각종 가죽을 사들이고 있으니 가져가서 팔라는 것이며, 또한 서양에서 들여온 유리, 뮤직박스, 바늘, 성냥 등이 있으니 세창양행을 방문하라는 내용이다.

광고 분야에서 빼놓을 수 없는 것이 공익 광고다. 현재는 금연, 음주운전 근절, 안전 운전 독려 등 다양한 주제의 공익 캠페인이 진행되고 있다. 그렇다면 우리나라 최초의 공익 광고 주제는 무엇이었을까? 한국방송공사에 따르면 우리나라 최초의 공익 광고는 1981년 방영된 ‘저축으로 풍요로운 내일을’이라는 저축 독려 광고다. 1980년대는 경제 부흥이 대한민국의 최대 관심사이자 목표이던 때였다. 이에 자녀에게 부족함 없는 미래를 물려주기 위해서는 부부가 열심히 저축해야 한다는 캠페인을 만들어 진행했고, 대대적인 광고 캠페인 덕분으로 국민 저축률은 크게 늘었다고 한다.

긍정의 힘을 믿으세요

어떤 TV 프로그램에서 '말의 힘'을 알아보기 위한 실험을 한 적이 있습니다. 똑같은 크기의 유리병 두 개를 준비하여 각 병 안에 갓 지은 밥을 넣고, 하나에는 '고맙습니다'를, 다른 병에는 '짜증나'를 붙여놓았습니다. 그 후 방송국 아나운서실에 유리병을 두고 '고맙습니다' 병에는 '사랑해', '고마워', '예쁘다' 등의 좋은 말과 칭찬을 하게 하였고, '짜증나' 병에는 '싫어', '미워', '꺼져' 등의 안 좋은 말을 하게 하였습니다.

두 병에 담긴 밥에 어떤 변화가 일어났을까요?

놀랍게도 긍정의 말을 들은 '고맙습니다' 병에는 하얗고 뽀얀 흰색 곰팡이가 피었고 구수한 누룩 냄새가 났습니다. 하지만 부정의 말만 들은 '짜증나' 병의 밥에는 검은색 곰팡이가 잔뜩 피어 썩어버렸습니다. 단지 좋은 말 또는 나쁜 말을 들려줬을 뿐인데 단 며칠 사이에 이처럼 정반대의 결과가 나온 것입니다.

귀가 달린 것도 아니고 살아 있는 생명체도 아닌 밥이 이럴진대 감정을 느끼고 살아있는 사람은 어떨까요? 아무것도 아닌 것 같지만 평소 스스로에게 좋은 말을 해주고 용기를 북돋아 주면 그 사람에게는 자신감이 보입니다. 그리고 활기차고 밝은 기운이 자연스럽게 뿜어져 나옵니다.

하지만 매번 스스로를 향해 '난 왜 이것밖에 안 될까?', '난 정말 한심해'와 같은 나쁜 말을 하면 자기도 모르는 사이에 부정적인 사람이 되고 맙니다. 이런 사람은 항상 표정이 어둡고 매사 자신감이 없어 보이죠.

면접 성공의 당락을 좌우하는 요인 1순위는 '밝고 자신감 넘치는 모습'입니다. 기업이 채용하고 싶어하는 신입사원은 많은 지식과 경험을 가진 사람이 아닙니다. 긍정적인 자세로 배우고 열심히 일을 익히려는 자세를 가진 사람을 원합니다. 따라서 면접 시 면접관들에게 긍정적인 모습, 밝은 인상을 보여주는 것이 합격의 지름길입니다.

당장 오늘부터라도 하루에 한 번 스스로를 격려하고 사랑해주는 말을 해주세요. 분명 빛나고 아름다운 여러분의 모습이 보일 것입니다.

이상과 현실의 괴리를 좁히는 방법

세상에는 해보지 않으면 모르는 일이 많다. 아이스크림 매장에서 아르바이트를 해보지 않은 사람은 그들의 직업병이 스쿱으로 아이스크림을 뜨는 데서 오는 손목 통증이라는 사실을 알 수 없으며, 프로게이머를 해보지 않으면 컴퓨터 앞에 앉아 게임만 하는 그들도 부상으로 은퇴할 수 있다는 사실을 알수 없다.

광고 홍보직 또한 마찬가지다. 잡코리아 좋은일 연구소가 만난 대부분의 학생은 카피라이터, 광고 AE, 홍보AE, 아트디렉터 등은 단지 그 이름만으로도 사무직이 아닌 전문직 같아 보인다고 얘기했다. 또한 광고업계로의 진출을 꿈꾸는 학생들은 모던하고 세련된 사무실에서 동료들과 밤늦게까지 프로젝트를 위해 씨름하면서도 다음 날에는 트렌디한 옷차림으로 출근하는 모습을 상상하고 있었다. 뷰티 전문 PR컨설턴트를 꿈꾸는 한 학생은 새로 출시된 화장품을 누구보다 빨리, 그것도 공짜로 써볼 수 있고, 행사가 있으면 제품 광고 모델도 만나볼 수 있을 것이라는 기대를 하고 있었다.

꿈꾸는 직업에 대한 환상은 누구나 가지고 있다. 실제로 꿈꾸던 직업을 가졌을 때의 모습을 미리 그려보는 것은 목표 달성에 큰 도움을 줄 수 있다. 하지만 지나친 환상은 금물이다. 달콤한 환상만으로 업계에 들어갔다가 막상 그동안 자신이 상상해왔던 것과 다른 업무 환경과 강도에 그토록 바라던 꿈을 중도 포기하는 인재들도 적지 않다. 이럴 경우 기업은 물론이거니와 취업 준비생 개인으로서도 막대한 시간과 노력을 허비하게 되는 것이다.

그렇다면 취업 전에 업계에 대한 구체적인 정보는 어떻게 얻을 수 있을까? 직접 경험해보지 않아도 알 수 있는 방법이 있다. 바로 간접체험이다. 이번 장에서는 광고 홍보직을 희망하는 이들을 위해 현직 광고 홍보업계에서 근무하고 있는 선배들을 만나고 왔다. 광고 홍보인들의 일과는 어떻게 되는지, 야근은 얼마나 하는지, 취업을 위해 대학생 때 무엇을 하면 좋을지, 공모전이 취업에 도움이 되는지 등 궁금한 것이 많은 취업 준비생들의 질문을 모아서 그 해답을 들어 보았다. 현재 광고 홍보업계에 종사하고 있는 광고AE, 카피라이터, PR컨설턴트, 공공PR 전문가 등 다양한 현장의 목소리를 생생하게 들을 수 있는 이번 장은 광고 홍보직을 꿈꾸는 취업 준비생들에게 실질적이고 유용한 정보를 제공해 줄 것이다.

02

분야별
광고 홍보
직무의 세계

홍보의 모든 것을 컨설팅한다, PR컨설턴트

"홍보에 관심이 많은 학생입니다. 홍보인이라고 하면 깔끔하지만 트렌디한 스타일의 옷차림에 활달한 성격은 기본이고 휴대전화에 전화번호가 몇천 개쯤은 저장돼 있을 것 같아요. 실제로도 그런 사람들이 많은가요? 주위 친구들을 보면 굉장히 활발하게 대외활동도 하고 교내뿐만 아니라 교외 사람도 많이 만나고 하던데, 그런 활동이 도움이 많이 될까요? 솔직히 얼마나 도움이 될까 잘 모르겠습니다. 또, 사람을 많이 만나는 만큼 외모도 중요할 것 같은데 예쁘고 잘생기지 않으면 홍보를 하기 어려운지 궁금해요."

언론홍보학과 재학, 박지현(23세)

일반적으로 홍보인이 되기를 꿈꾼다면 가장 먼저 기업의 홍보실을 머릿속에 떠올릴 것이다. 하지만 기업 홍보팀보다 더 다양하고 다채로운 홍보 업무를 경험할 수 있는 곳이 있다. 바로 홍보회사다. 홍보회사는 특정 기업체나 단체로부터 일정한 비용을 받고 해당 회사의 홍보에 관련된 업무를 기획 및 관리해주는 일을 한다. 홍보라고 하면 흔히 언론을 상대하는 업무 정도로 생각하는 경우가 있는데 실제로 홍보의 영역은 굉장히 방대하다. 우리나라에 PR이 처음 정착하기 시작했을 때 광고업계의 용어가 그대로 옮겨오면서 '홍보대행사'라는 명칭이 쓰였지만, 현재는 '홍보회사'나 'PR회사'로 불리는 것이 일반적이다. 법률회사나 회계법인을 법무대행사나 회계대행사로 부르지 않는 이유와 같다. 홍보에 대한 인식도 많이 달라져서 이제는 '홍보를 대행해주는 회사'가 아니라 '홍보를 잘하는 회사'로 그 수식어가 바뀌는 추세다. 이러한 홍보회사에서 고객의 홍보 업무를 담당하는 사람이 바로 PR컨설턴트(홍보AE)다.

PR컨설턴트는 단순히 제품이나 브랜드, 서비스를 소비자에게 알리는 일만 하는 것이 아니다. 근본적으로 '관계를 구축하는 일'을 한다. 단순히 제품이나 브랜드를 알리는 것에서 벗어나 소비자와 제품 사이의 관계, 사람과 사람 사이의 관계, 사회문제와 대중의 관계, 기업과 투자자의 관계, 정부와 국민의 관계 등 다양한 관계 간의 커뮤니케이션을 진행하는 것이 PR컨설턴트의 주 업무라고 할 수 있다.

... '홍보를 대신 해주는 사람'이 아닌 '홍보를 잘하는 사람'

PR컨설턴트의 업무는 단순히 보도자료를 작성하거나 정해진 이벤트를 홍보하는 일에 그치는 것이 아니다. PR컨설턴트는 기획력 또한 갖추고 있어야 한다. 고객을 유치하기 위해서 다양한 홍보 방법과 아이템을 구상하여 기획해 클라이언트의 마음을 사로잡아야 하며, 고객 확보에 성공한 후에는 효율적인 홍보를 위해 구체적이고 실행 가능한 홍보 플랜을 만들어야 한다. 단순히 클라이언트가 "이렇게 해주세요."라고 주문한 일을 '대행'해주는 것이 아니라 "이런 홍보 방법은 어떨까요?"하고 제안할 수 있어야 하는 것이다. 즉, PR컨설턴트는 홍보의 A부터 Z까지 홍보의 모든 것을 기획하고 실행하는 사람이다. 이것이 PR컨설턴트가 홍보AE라고도 불리는 이유다.

PR컨설턴트의 일과는 하루하루가 매우 다르지만 일반적으로 다음과 같다. 출근하면 제일 먼저 자신이 맡고 있는 브랜드와 관련한 미디어 노출을 파악한다. 미디어 모니터링 후 긍정적인 반응이 많은지, 부정적인 반응이 많은지를 정리하여 이를 클라이언트에게 보고하고, 신제품이나 주요 이슈가 있을 경우 보도자료를 작성하여 담당 기자에게 배포한다. 이후에는 현재 진행되고 있는 업무에 대한 변동사항을 체크한다. 가령, 곧 나올 신제품 관련 온라인 홍보 활동을 준비 중이라면 이와 관련한 확인해야 할 사항을 체크하고 미디어를 대상으로 계획하고 있는 행사가 있다면 관련한 진행 상황을 점검한다. 점심에는 기자와의 미팅이 잡혀 있는 경우가 많으며 오후에는 고객사 미팅, 다음날 진행해야 하는 보도자료 검토 등의 업무를 주로 한다.

PR컨설턴트의 경우 신입사원일 때는 업무를 배워야 하기 때문에 아무래도 사내에서 보내는 시간이 많지만, 어느 정도 실무를 하게 되면 외근이 매우 많아진다. 일과의 시작이 회사가 아니라 축구장이 되거나, 스튜디오가 되거나, 다른 회사가 되는 경우가 허다하다. 그렇지만 이들이 매일 빠짐없이 해야 하는 업무가 있다. 바로 모니터링이다. 맡고 있는 회사나 브랜드의 뉴스를 파악하는 것이 모니터링의 일차적 목적이다. 모든 보도자료가 기사화되는 것은 아니기 때문에 보도자료 배포 후 얼마나 많은 매체에 실렸는지 살펴보아야 하며, 혹시 부정적인 이슈가 발생하지는 않았는지, 시장 동향은 어떤지 살펴야 한다. 또한 PR컨설턴트는 가능한 한 많은 매체를 모니터링 하려고 노력한다. 최근에는 인터넷과 SNS 서비스의 발달로 뉴미디어는 전통적인 종이신문의 온라인화에 그치지 않고 다채로운 형태로 등장하게 되었다. 이처럼 미디어의 다양화로 인해 흥미로운 매체를 발견하면 눈여겨 보기도 한다.

... 커뮤니케이션 능력에 도덕성을 갖춰야 한다

PR컨설턴트에게 가장 중요한 역량은 '커뮤니케이션 능력'이다. 홍보에서 가장 기본이 되는 업무가 언론 홍보, 즉 미디어를 상대하는 일이다. 일간지를 비롯해 온라인 매체, 전문지, 월간지 등 워낙 다양하고 많은 매체를 상대해야 하는 만큼 PR컨설턴트의 커뮤니케이션 스킬은 기본중의 기본이라 할 수 있다. 이때 커뮤니케이션 능력은 단순히 잘 듣고 잘 말하는 것뿐만 아니라 관계에 대해 이해하는 능력도 포함한다. PR 컨설턴트에게 요구되는 커뮤니케이션 능력은 관계의 본질을 알고 근본적인 문제점을 파악하여 해결책을 강구할 수 있는 능력이다. 과거에는 PR컨설턴트들이 기업의 제품이나 브랜드를 소비자에게 알리는 일에만 주력했다면 지금은 쌍방향 소통이 가능한 SNS 서비스가 활성화되어 소비자의 피드백을 받기에도 용이해졌으며 그들의 파급력 또한 과거에 비해 엄청나게 커졌다. 따라서 PR컨설턴트의 커뮤니케이션 능력은 더욱 중요한 자질이 되었다.

또한 강한 도덕성도 요구된다. PR컨설턴트는 많은 매체와 연결되어 있는 만큼 마음만 먹으면 얼마든지 미디어 조작이 가능하다. 경쟁사의 제품에 대해 악의적인 자료를 특종이랍시고 기자에게 준다거나, 제품이 사용자에게 치명적인 해를 야기할 수 있다는 사실을 알고 있음에도 기업의 이익을 위해 매체를 이용하여 '해당 제품은 안전하다'는 기사를 내보내며 이를 은폐할 수 있는 것이다. 이는 비단 경쟁사뿐만 아니라 사회적으로 큰 위해를 가할 수 있다. 눈앞의 이익을 위해 미디어를 조작하고 대중을 우롱하는 비도덕적 PR컨설턴트가 많아진다면 사람들은 미디어에 대한 신뢰 자체를 잃게 될 것이다. 홍보할 채널이 없다면 PR 산업은 지속될 수 없다. 그러므로 당장의 달콤한 열매를 위한 기만과 은폐가 산업 전체를 병들게 할 수 있다는 점을 늘 염두에 둬야 한다. 때문에 PR컨설턴트는 스스로 도덕적 잣대를 가지고 합리적으로 사고하고 행동해야 한다.

··· 적극적으로 다양한 활동을 해보자

PR컨설턴트가 되기 위해 대학 시절에 경험해두면 좋을 것은 과연 무엇일까? 취재 중 만난 PR컨설턴트들은 하나같이 입을 모아 '다양한 경험을 해보라'고 권유했다. 장차 PR컨설턴트가 되는 것을 목표로 삼아 언론홍보 관련 수업을 듣고, 공모전에 참여하고, 기업 브랜드 서포터에 참여하는 것도 좋다. 하지만 반드시 '홍보'라는 타이틀에 얽매일 필요는 없다. 기업에서는 오로지 홍보만을 목표로 두고 그에 맞는 스펙만 쌓은 사람 보다 다양한 경험을 가진 사람을 더욱 선호한다. 현직 PR컨설턴트들의 전공이 굳이 홍보계열에 국한되지 않는 것이 이를 증명해준다.

취재 중 만난 PR컨설턴트 S는 "아르바이트를 하더라도 장기적으로 해봤으면 좋겠다."라고 조언했다. 이는 신입사원 채용 시 구직자의 인내심을 가늠할 수 있는 척도로 쓰일 수 있다는 것이다. 여러 가지 경험을 해보는 것도 좋지만 진득하게 하나를 오랫동안 해보는 것 역시 기업 인사담당자에게 좋은 인상을 심어줄 수 있다. 실제로 그렇게 하나의 활동을 오랜 기간 해오면서 인내심과 책임감을 기를 수도 있다.

적극적인 마인드도 필요하다. 클라이언트가 하자는 대로만 하는 것이 아니라, 어떤 문제나 상황이 발생했을 때 적극적으로 대책을 제시할 수 있어야 한다. 취재 중 만난 PR컨설턴트 A는 "부정적인 이슈에 대처하면서 자신의 의견을 적극적으로 클라이언트에 피력하여 위기 상황을 비교적 빨리 극복할 수 있었다."라고 알려주었다.

종합해보면 학창 시절 적극적으로 다양한 활동을 해보는 것이 좋은 PR컨설턴트가 되는 데 많은 도움이 된다고 할 수 있다. 뿐만 아니라 이러한 경험은 나중에 PR컨설턴트가 자신에게 맞지 않는 직업이라고 생각해 전직을 하게 되더라도 유효하다. 홍보 커리어는 홍보 직무를 떠나는 순간 그 가치가 크게 떨어지지만, 학창 시절의 여러 가지 경험은 무엇과도 바꿀 수 없는 나만의 큰 재산이 될 수 있기 때문이다.

PR컨설턴트직 취업 핵심정보

- **필요한 자질** 커뮤니케이션 능력, 적극적이고 긍정적인 마인드, 도덕적이고 합리적인 판단을 할 수 있는 마음가짐.
- **근무 여건** 맡은 일에 따라 일과가 매우 유동적이지만 야근이 잦은 편이다. 능력에 따라 어린 나이에도 책임자가 될 수 있다.
- **입사 방법** 대형 홍보회사는 매년 공채로 신입사원을 뽑고 있지만, 채용 규모가 작아 취업 경쟁률이 매우 높은 편이다. 따라서 대형 홍보회사만 고집할 것이 아니라 중소 회사에 입사해 경력을 쌓은 뒤 원하는 회사로의 이직을 노리는 것도 현명한 방법이 될 수 있다.

주도하는 사람이 좋은 PR컨설턴트가 될 수 있다

프레인 이지영 파트너 2팀 강응현 차장

프레인은 2000년 설립된 홍보회사로 현재는 7개 계열사를 보유한 국내 최대 홍보마케팅 그룹(PCG)이다. IT, 금융, 유통, 의류, 자동차, 스포츠 마케팅 등 다양한 분야의 홍보 컨설팅을 제공하고 있다.

Q. **PR컨설턴트가 되는 데 가장 큰 도움이 된 활동은 무엇인가?**

A. PR컨설턴트가 되기 위해 대학 시절 자격증이나 어학 점수를 특별히 준비하지는 않았다. PR컨설턴트가 되는 데 필요한 것은 자격증이 아닌 사고력과 문제해결 능력이며 어학 점수가 아닌 외국 문화에 대한 이해와 포용력, 외국인과의 커뮤니케이션 능력이라고 생각한다.

나의 경우 PR컨설턴트가 되기 위해서 시작한 것은 아니었지만 30여 가지가 넘는 아르바이트 경험과 교내·외 프레젠테이션 경험을 쌓은 것이 현재 업무를 하는 데 가장 큰 도움이 됐다고 본다. 주유소, 선거운동 본부, 콜센터 등에서 일했으며 바텐더와 택시 기사를 한 적도 있다.

특히, 주유소 아르바이트가 가장 기억에 남는데, 당시 주유소에

프레인 강응현 차장

강응현 차장은 10년 차 PR컨설
턴트로 캐논코리아 컨슈머이미
징, 롯데카드, 헨켈홈케어코리아,
연세우유 등의 8개 브랜드를 담
당하고 있으며, 현재 11명으로 구
성된 홍보팀의 총괄 책임자로서
활동하고 있다.

는 가정형편이 어려워 고등학교를 중퇴한 친구들이 많았다. 그 아이들에게 3개월간 공부를 가르쳐 4명 중 2명이 대학에 입학했다. 그때 어떤 환경에 있는가 보다는 어떻게 사느냐가 더 중요하다는 사실을 깨달았다. 이처럼 다양한 사람들을 만나면서 개인적으로 얻은 바가 많다.

Q. 활발한 사람이 PR컨설턴트에 적합할 것 같은데 실제로 어떠한가?

A. 꼭 그렇지만은 않다. 활발하고 말을 잘하는 사람보다 '잘 듣는 사람'이 PR컨설턴트에 훨씬 적합하다. PR컨설턴트는 커뮤니케이션 능력이 필수적이기 때문에 자기 말만 하는 사람보다는 기업과 소비자의 입장을 모두 잘 듣는 것이 중요하다. 물론 잘 들어야 한다고 해서 듣기만 하고 자기 할 말을 못해서는 안 된다.

PR컨설턴트가 되기를 희망하는 학생이라면 대학 시절 토론 수업 등을 통해 상대방의 의견을 잘 듣고 자기 의견을 피력하는 경험을 해보면 좋겠다. 그런 경험을 통해 자연스럽게 현재 사회 문제 등에도 관심을 가질 수 있으며, 다양한 분야를 접해보고 박학다식해질 수 있다. 추후 이런 경험이 아이디어 도출에도 큰 도움이 된다.

Q. 사람을 많이 만나는 직업이다 보니 외모도 중요할 것 같다. 채용 시 외모를 보는가?

A. 그렇지 않다. 얼굴이 예쁘고 잘생긴 사람보다는 트렌드에 뒤처지지 않으려고 노력하는 사람이 좋다. 타고난 외모보다 후천적인

자기관리가 더 중요하다. 또한 무엇보다 자신감을 가져야 한다. 자신감은 표정과 몸짓에서 드러난다. 잘생겼지만 자신감 없는 사람보다 외모와 관계없이 자신감이 넘치는 사람이 훨씬 좋다. 이는 얼마든지 자기 노력으로 바뀔 수 있으니 타고난 외모 때문에 너무 고민하지 않기를 바란다.

Q. **대학 시절 꼭 경험해보라고 추천하고 싶은 것이 있다면 무엇인가?**

A. 첫째로 무언가를 주도적으로 해보는 것이 좋겠다. 홍보회사는 기본적으로 팀으로 구성되어 있고 팀 단위로 브랜드를 맡지만, 개개인이 담당하고 있는 고객이 있기 때문에 적극적으로 일을 개진해 나갈 수 있는 능력이 필요하다. 들어온 지 얼마 되지 않은 신입사원이라도 좋은 아이디어가 있고 능력이 있으면 얼마든지 프로젝트를 진행할 수 있다.

조별 과제를 하더라도 그 결과물보다는 과제를 하면서 무엇을 맡았는지를 중요하게 여긴다. 신입사원을 뽑을 때도 그 부분을 본다. 따라서 작은 프레젠테이션이나 과제라도 주도적으로 이끌어 나가는 역할을 꼭 경험 해보길 바란다. 동아리 회장을 경험해보는 것도 좋다. 나의 경우 대학 시절 농구동아리 회장과 동아리 연합회장을 맡았었는데 농구대회를 만드는 등 여러 가지 일을 해볼 수 있었다. 그때 만든 농구대회는 지금도 꾸준히 이어져 오고 있다.

둘째로 외국에 가서 살아보기를 권한다. 어학연수나 교환학생을 의미하는 것이 아니라 남다른 경험을 해보라는 뜻이다. 아이비리 그 대학교에서 랭귀지 코스를 듣는 것보다 소도시 허름한 바에서 바텐더로 일해보는 것이 PR을 하고자 하는 사람에게 더욱 걸맞는 해외경험이라고 생각한다.

"제가 바로 이 회사를 위해 준비된 인재입니다."라고 말하는 사람 중에 진짜 인재를 본 적이 없다. 당장 눈에 보이는 지금의 학점, 어학 점수 같은 객관적 스펙에 안주하지 말고 다양하게 경험하고 더 많이 사고했으면 한다.

센스의 차이가 일의 명암을 가른다

미디컴 2본부 2국 1팀 사영은 팀장

미디컴은 1997년 설립된 국내 최대 규모의 종합홍보회사로 지난 15년 간 1,300개가 넘는 기업 및 기관을 홍보했으며, 현재 130여 명의 홍보 전문가들로 구성되어 있다. 삼성 갤럭시, 소니, 나이키, 필립스, 스와치, 키엘 등 다양한 분야의 기업 및 브랜드 홍보를 담당하고 있다.

Q. 홍보 업무를 하게 된 계기가 있나?

A. 대학 시절에는 기자를 꿈꿨었다. 그래서 대학 졸업 후 대중적인 라이선스 매거진의 피처 에디터로 사회생활을 시작했고 이후 방송사 기자 생활을 거쳐 지금에 이르렀다. 3년 이상의 기자 생활을 하면서 보람과 성취감을 느꼈지만, 기자라는 직업이 나와 잘 맞는가에 대한 고민을 하게 되면서 새로운 도전에 대한 욕심이 생겼다. 그러던 찰나 우연한 기회에 홍보를 접하면서 기자 경력을 살리면서도 적성을 살릴 수 있을 것이라는 판단에 따라 홍보직에 첫발을 내딛게 됐다.

대학 시절에는 명예 기자로 활동하면서 기사 쓰는 법, 취재 방법 등을 배울 수 있었고, 다양한 학교의 친구들을 사귀며 인맥을 쌓

미디컴 사영은 팀장
사영은 팀장은 유통, 소비재 브랜드를 비롯하여 제약, 의학, 교육 등 다양한 브랜드 홍보를 담당해왔다. 현재는 유니클로, 비오템, 슈에무라 등 패션 및 뷰티 브랜드와 함께 롯데칠성 음료, 강남밝은세상안과 등 7개 브랜드의 PR을 총괄하고 있다.

는 계기가 됐다. 신문기사나 잡지 등의 다양한 매체를 지속적으로
접했던 것이 지금 홍보 일을 하는데 좋은 밑거름이 됐다.

Q. 패션·뷰티 브랜드 홍보 업무로는 어떤 것이 있나?

A. 패션, 뷰티부터 제약, 교육 등 다양한 분야의 브랜드를 맡고 있기
때문에 브랜드 및 기업의 특성에 맞춰 온·오프라인을 망라해 업
무를 진행하고 있다. 특히 유니클로와 같은 패션 브랜드는 많은
언론의 관심을 받기 때문에 기본적으로 미디어 응대부터 보도자
료 기획 및 작성, 배포, 이슈 매니지먼트, 오프라인 행사 기획 등
폭넓은 PR활동을 전개하고 있다. 때에 따라 제품 협찬 요청이나
미디어 대상 제품 샘플링을 진행하기도 한다.

뷰티 브랜드의 경우 미디어 응대 및 보도자료 작성, 배포와 함께
온라인 홍보 활동도 다각도로 진행하고 있다. 언론 노출도 중요하
지만 요즘 뷰티 분야는 신제품 출시가 많고, 트렌드 변화가 빨라
온라인 홍보 활동 역시 중요한 부분을 차지한다. 이에 따라 주요
제품 출시 시점에 맞춰 블로그 후기 작성이나 카페 체험단 모집
등 온라인을 기반으로 한 홍보 활동을 다각적으로 진행한다.

Q. PR컨설턴트가 갖춰야 할 역량은 무엇인가?

A. 기본적으로 커뮤니케이션 스킬과 센스, 인내심이 필요하다. 글
쓰는 능력과 기획력 역시 필수 요소이다. 특히 기획력은 PR컨설
턴트가 지속적으로 키워나가야 하는 역량이라 할 수 있다. 새로
운 제품, 새로운 기업의 주요 사안에 대해 효과적으로 홍보하기

위한 첫 시작이 바로 기획이기 때문이다.

또한 적당한 센스는 필요충분조건과도 같다. '센스'라는 것이 다
소 모호할 수도 있는데 같은 일을 하더라도 일을 복잡하고 어렵
게 만드는 사람이 있는가 하면 간단하고 쉽게 만드는 사람이 있
다. 이런 차이를 만드는 것이 바로 센스다.

Q. **PR컨설턴트를 준비 중인 후배들에게 하고 싶은 조언이 있다면?**

A. 대학 생활 동안 PR분야만 파고들지 말고 다양한 분야를 경험해
보라고 조언하고 싶다. 물론 요즘은 공모전이나 인턴 활동 등을
다양하게 경험하고 경력을 쌓고 있다. 하지만 단순히 이력서 한
줄을 넣기 위한 활동보다는 아직 스스로 뭘 잘하는지 어떤 분야
에 관심이 있는지 모르는 때인 만큼 한 분야에 국한하지 않고 다
양하게 경험해볼 것을 추천한다.

PR컨설턴트가 되고 싶다면 홍보회사 어시스턴트를 경험해보는
것도 좋은 방법이다. 막연히 홍보를 하고 싶어 덜컥 홍보회사에
취업했다가 본인이 생각하는 홍보와 다르다며 중도 포기하는 경
우를 빈번히 봤다. 어시스턴트를 하면서 홍보회사의 분위기를 파
악하고, 어떤 기업을 홍보하며 어떤 업무를 하는지 체험해 본다
면 더욱 쉽게 적응할 수 있고, 앞서 말했던 '센스'있는 후배로 거
듭날 수 있을 것이다. 다만 어시스턴트를 경험하고자 한다면 가
급적 규모가 있는 홍보회사에서 하기를 바란다. 그래야만 다양한
기업과 홍보회사의 분위기를 익히는 데 도움이 될 것이라 생각한
다.

회사를 대표해 대중과 만나는 사람, 기업 홍보담당자

"기업 홍보팀에 속한 사람들은 무척 다재다능해야 할 것 같아요. 회사를 소비자들에게 잘 알리려면 여러 분야의 지식과 경험도 많아야 할 것 같고요. 특히 기업 홍보담당자는 언론사 기자는 물론 다방면의 사람들과 두루두루 친해야 할 텐데 평소 인맥을 쌓기 위해 어떤 노력을 해야 하는지 궁금해요. 또한 홍보팀 내에서 세부 업무에 따라 담당이 어떻게 나뉘는지, 그리고 한 국어능력시험 점수를 취득해두면 도움이 되는지 알고 싶고요. 또 최근에는 SNS가 홍보에서 중요하게 활용되고 있는 것으로 아는데 취업 준비생들의 SNS 활용 능력을 객관적으로 평가하는 국가공인 시험이 있는 것이 아니라서 이를 어떻게 준비하고 면접 시 어필하면 좋을지 알려주세요."

국어국문학 전공, 정혜영(24세)

아이폰이 신제품을 론칭했다거나 최근 새로운 영화가 개봉했다거나 하는 다양한 소식들을 우리는 TV와 신문, SNS 등을 통해 쉽게 접한다. 이때 대중이 해당 소식을 보거나 들을 수 있도록 정보를 만들어 각 매체에 배포하는 사람이 바로 기업 홍보팀에 소속된 실무자들이다. 홍보담당자는 기업 내에 발생된 이슈와 제품에 대한 정보를 대중에 알림으로써 궁극적으로 기업 브랜드 인지도를 높이고 제품 판매가 보다 활성화될 수 있도록 돕는 역할을 한다.

⋯ 기업의 얼굴, 홍보담당자

기업 홍보팀에서 근무하는 직장인들은 회사를 대표해 기업과 제품, 서비스 등을 외부에 알리는 업무를 수행한다. 기업이 속한 업종과 주력 상품에 따라 세부 홍보 활동에는 차이가 있으나 홍보 실무자들이 주로 처리하는 업무는 대외 언론홍보, SNS 운영 및 관리, 사내 커뮤니케이션, 홍보 자료 제작 등이다.

대외 언론홍보는 기업 활동 및 상품, 서비스 등과 관련된 내용을 보도자료(문서)로 작성하여 신문, 라디오, TV, 잡지 등의 각 언론 매체에 배포하는 업무를 말한다. 보통 회사 경영과 신제품 출시에 관련한 소식을 알리기 위한 목적을 가지며, 해당 내용이 다양한 언론 매체에 최대한 많이 보도되어야 하므로 간결하면서도 논리 정연하게 글을 작성할 줄 알아야 한다.

대외 언론홍보 업무에는 언론기자 관리 및 접대 업무도 포함된다.

기업 홍보팀에서 보도자료를 작성해 언론에 배포하지만 결국 이를 선별하여 지면과 방송에 소개할 지의 결정 여부는 기자들이 판단하기 때문이다. 또한 같은 내용이라도 어떤 뉘앙스로 제목을 뽑느냐에 따라 기업 이미지에 영향을 미치기 때문에 기업 홍보팀 실무자들은 언론사 기자 및 관련자들과 평소 긴밀한 관계를 유지하여 기업에 조금이라도 유리하게 기사가 날 수 있도록 관리해야 한다. 과거에는 기자관리는 곧 술 접대라는 인식이 있었으나 요즘은 간단한 점심식사 또는 티타임을 가지며 서로의 정보를 공유하는 것이 일반적이다.

최근 인터넷 및 스마트폰 이용자가 늘어나면서 기업 홍보활동 영역이 온라인과 모바일로 넓어지는 추세다. 특히 소비자들은 제품과 기업의 정보를 인터넷 서칭과 온라인 뉴스 검색을 통해 쉽게 접할 수 있기 때문에 홍보 실무자들은 블로그, 카페, 트위터, 페이스북에 기업 계정을 개설하고 기업의 소식과 제품에 관련된 내용을 실시간으로 올림으로써 홍보활동을 펼친다. 이에 홍보담당자들은 새로운 기기와 매체의 특성을 남들보다 빠르게 파악한 후, 이를 홍보활동에 어떻게 활용할 수 있을지에 대해 고민을 해야 한다. 특히 포털 사이트에서 소비자들이 검색한 회사와 제품의 내용이 상위와 하위, 어느 곳에 노출되는지에 따라 매출에 직접적인 연관이 있으므로 홍보담당자들은 포털 사이트 검색 조건과 소비자들이 주로 검색하는 키워드 등의 특성도 잘 파악하고 있어야 한다.

언론사와 SNS 등을 이용해 기업 소식을 대외적으로 알리는 것만큼

이나 사내 커뮤니케이션도 홍보 실무자들이 수행해야 할 주요 업무 영역으로 떠오르고 있다. 직원들이 기업의 핵심가치와 비전, 목표 등을 잘 숙지하고 있어야 회사가 발전할 수 있고 직원과 임원, CEO 간의 소통이 원활해야 기업 문화와 근무 분위기가 좋아지기 때문이다. 이에 홍보팀 내에 사내 커뮤니케이션을 담당하는 인력을 배치하는 기업이 늘고 있는 추세이며 특히 직원 수가 많은 대기업에는 사내 커뮤니케이션만을 담당하는 별도의 팀을 꾸리기도 한다. 사내 커뮤니케이션 담당자는 회사에서 일어나는 소식과 계획을 전사 직원들이 모두 공유할 수 있도록 사내 뉴스레터 또는 사보를 제작하고 알리는 업무를 담당한다.

이 외에 기업을 알리거나 제품을 소개하는 문서 및 시청각 자료를 만드는 것도 기업 홍보팀에서 주관한다. 주로 기업 소개 브로슈어나 제품 카탈로그를 직접 또는 외주 기관에 의뢰해 제작하며 박람회 참가, 컨퍼런스 개최 등 외부 행사가 진행될 경우 홍보담당자도 현장에 투입되어 기자재와 전시장 관리 등의 업무를 담당하기도 한다.

··· 홍보담당자에게 필요한 것은 꼼꼼함과 신중함

홍보팀은 전면에 나서는 일보다는 뒤에서 자료를 만들고 지원하는 지원부서의 성격이 강하다. 겉으로 보기에는 기자들을 만나고 회사를 대표해 기업과 제품을 알리기 때문에 매우 적극적이고 주도적으로 처리하는 일이 많을 것 같지만 막상 일을 해보면 무척 신중하게 업무를 처리해야 함을 알 수 있다. 그도 그럴 것이 홍보담당자가 말실수를 하거나 사실에 기인하지 않은 내용으로 보도자료를 작성해 배포할 경우 이는 기업 이미지 실추로 이어질 수 있기 때문이다. 이에 홍보 실무자는 기자 및 외부 사람들과 원활히 소통할 수 있는 오픈 마인드, 그리고 그들에게 항상 좋은 자료와 홍보거리를 제공해 주려는 친절한 태도를 갖추고 있어야 하되 일 처리는 반드시 신중하고 꼼꼼해야 한다.

홍보담당자가 작성하는 보도자료는 기사형식으로 쓰는 것이 일반적이다. 신문기사처럼 반드시 육하원칙에 맞춰 글을 쓸 필요는 없지만 짧은 문장 안에 전달하고자 하는 메시지가 명확히 드러나야 한다. 이때 감정적이고 주관적으로 글을 작성해서는 안 되며 객관적인 사실이 반드시 뒷받침돼야 한다. 하지만 보도자료와는 달리 홍보 브로슈어나 리플릿 등을 제작할 때는 일반 대중들의 시선을 사로잡을 수 있는 감각적인 문구를 뽑아내야 한다. 때문에 홍보 실무자가 되고 싶다면 평소 신문기사 형식으로 간략히 사실을 전달하는 내용의 원고를 작성해 보는 연습 외에도 기업들의 광고 카피 등을 보면서 감각을 키우는 것이 좋다.

인맥은 홍보담당자가 발휘할 수 있는 가장 강력한 무기다. 고급 정보는 사람에게서 나오기 마련이며 간혹 성사가 어려울 것 같던 일도 인맥을 통해 수월하게 처리할 수 있기 때문이다. 특히, 기자들과의 관계에서는 인맥이 매우 중요한 힘을 발휘한다. 기업 홍보담당자들은 기업 리스크를 관리할 상황을 종종 겪게 되는데, 이때 사건을 다루는 기자들과 돈독한 관계를 유지하고 있으면 기사 수위를 낮춤으로써 리스크를 효과적으로 관리할 수 있다. 하지만 인맥을 관리한다는 것이 마당발을 의미하지는 않는다. 여러 분야의 사람을 두루 알고 있는 것은 좋지만 관계의 깊이가 얕다면 이는 정작 필요한 때에 도움이 되지 않기 때문이다. 홍보 실무자가 되길 희망하는 사람이라면 학과 생활, 동아리 생활, 아르바이트 현장 등에서 만난 사람들에게 진정성 있게 다가가고 그들이 필요한 순간 도움을 주려고 노력해 보자. 그런 노력이 꾸준히 쌓이게 되면 인맥은 저절로 형성되기 마련이다.

··· 홍보대행사 또는 잡지사 경력이 기업 홍보팀 입사 시 큰 밑거름

영업팀이나 마케팅팀 등에 비해 홍보팀은 신입사원을 채용하는 비율이 낮은 편이다. 홍보팀의 조직 규모가 타 직무에 비해 적은 것이 이유이기도 하며, 기업 내에 홍보 전담팀을 운영하지 않는 곳도 많기 때문이다. 직원 수가 100명 이하인 중소벤처기업 또는 B2B기업의 경우 홍보팀이 별도로 존재하지 않고 마케팅팀 또는 영업관리팀에서 해당 실무를 처리한다. 특히 홍보팀은 소수의 인원이 보도자료 작성 및 기자관리, 사내 커뮤니케이션 관리, 사보제작, 영업팀 지원 등 다양한 업무를 처리해야 하기 때문에 신입보다는 경력사원을 선호하는 편이다.

만일 기업 홍보팀에 입사하고 싶은 사람이라면 홍보 실무를 경험할 수 있는 곳에서 시작하여 경력을 쌓은 후 이직을 통해 홍보팀으로 입사하는 것이 좋은 방법이다. 예를 들면, 홍보팀 직원은 회사 제품과 경영이슈와 관련해 보도자료를 작성하거나 홍보 카탈로그 및 사보 등을 제작하는 일을 주로 하므로 글을 쓸 기회가 많고 인쇄물을 직접 만들어 볼 수 있는 신문사나 잡지사에서 경력을 쌓아 이직하는 경우가 가장 빈번하다. 또한, 다양한 분야의 홍보 업무를 경험해 볼 수 있는 홍보대행사에서 경력을 쌓다가 능력을 인정받아 기업 홍보팀으로 스카우트되는 경우도 종종 있다. 흔한 케이스는 아니지만, 기업 내의 기획팀, 마케팅팀, 영업팀 등 타 부서에서 근무한 후 직무 전환을 통해 홍보팀으로 합류하는 방법도 있다. 이처럼 홍보직은 처음에 발을 들여놓기는 어렵지만 일단 홍보 관련 일을 시작하면 그 이후에는 이직과 직무 변경 등이 비교적 자유로워 본인이 원하는 홍보 일을 할 기회를 쉽게 찾을 수 있는 편이다.

홍보담당자 채용 시, 특별히 선호하는 학과나 자격증 등이 있는 것은 아니지만 기본적으로 보도자료를 작성할 만한 글쓰기 실력을 갖추고 있어야 한다. 때문에 홍보 직군에 국문과와 문예창작과, 영문과 등의 어문계열 출신자들이 많이 포진해 있다. 하지만 그 외 학과 전공자라고 해서 지원 시 불이익이 있는 것은 아니며 어문계열이 아니더라도 대학 재학 시절 동안 교지편집위원회, 대학생 기자단, 교내 방송국 활동 등을 한 경험이 있으면 취업 시 큰 도움이 된다.

또한 최근에는 온라인과 모바일 영역 홍보활동의 비중이 중요해짐에 따라 평소 블로그나 카페 운영을 하면서 방문자 수를 늘리는 전략, 포털 검색 시 상위에 노출될 수 있는 방법 등에 대해 파악해 두고 있으면 이 역시 취업 시 강력한 포트폴리오가 될 수 있다.

• **필요한 자질** 작문 능력, 설문조사 및 통계 지식, 순발력과 민첩성, 위기 대응 능력.

• **근무 여건** 야근이 빈번한 직무는 아니지만 기자들과 자주 만나고 그들이 원하는 자료를 신속하게 제공해야 하므로 외부 스케줄에 의해 일정이 조절되는 것이 빈번하다.

• **입사 방법** 홍보대행사 또는 잡지사 및 신문사 등과 같이 글을 다루거나 홍보 관련 실무를 배울 수 있는 곳에서 시작하여 이직을 통해 기업 홍보팀으로 입사하는 것이 가장 효과적인 취업방법이다.

모든 경험은 언젠가는 빛을 발하게 된다

디아지오코리아 PR팀 기업홍보 담당 서희주 과장

디아지오(Diageo)는 윈저, 조니워커, 기네스, 스미노프 등의 브랜드를 보유하고 있는 세계 최대의 증류주 생산 회사다. 디아지오코리아는 디아지오의 한국 법인으로 약 360여명의 직원이 근무하고 있다.

Q. 외국계 기업에서 홍보일을 담당하고 있다. 한국 기업의 홍보와 차이가 있나?

A. 업무적으로 큰 차이는 없다. '디아지오'라는 회사를 알리기 위한 보도자료를 작성해 언론에 배포하고, 기자를 응대하며, 주류 업계 그리고 우리 회사와 관련한 뉴스들을 매일 오전에 모니터링해 중역들에게 보고하는 등의 일을 한다. 또한 국내외적으로 그리고 회사 내에 주요 이슈 발생 시, CEO가 발표할 메시지 초안을 작성하는 것도 기업 홍보팀에서 하는 일이다.

한국 기업의 홍보팀과 차이가 있다면 글로벌하게 커뮤니케이션할 일이 많다는 것이다. 디아지오코리아의 본사는 영국이고, 실무와 관련해서는 아시아 총괄을 담당하는 싱가포르 사무실과 수시로 연락하기 때문에 업무적으로 영어를 사용할 기회가 무척 많다.

디아지오코리아 서희주 과장
서희주 과장은 국내외 기업 홍보
팀과 홍보대행사 등에서 실무 경
험을 쌓은 실력파 홍보인으로 현
재는 디아지오코리아 PR팀에서
기업브랜드 홍보를 담당하고 있
다.

특히 우리 회사는 매년 해외 팸투어에 참여하는데 이때 참가자 모집과 일정체크, 해외 유관기관들과의 사전 커뮤니케이션 등 준비와 실행에 관한 상당히 까다롭고 복잡한 일들을 한다. 이때 차질 없이 진행하기 위해서는 영어회화는 물론 영작 능력도 뒷받침돼야 한다.

요즘 젊은 친구들 대부분이 기본적인 회화 실력을 갖추고 있는 반면 이메일 작성 등에 필요한 영작 실력이 부족한 경우를 많이 본다. 만약, 외국계 기업 홍보팀에서 근무하고자 한다면 회화는 물론 작문 공부도 소홀히 하지 않았으면 좋겠다. 실제로 업무경력이 꽤 되는 나도 아직까지 영어회화와 작문 공부를 매일 하고 있다.

Q. 기업 홍보 실무자로서 업무적으로 보람을 느낄 때는 언제인가?

A. '좋은 회사'에서 근무하며, 이런 회사를 알리는 일을 한다는 것에 감사함을 느낀다. 홍보 실무자는 대외적으로 기업의 좋은 면을 알리고 나쁜 점은 잘 포장하는 역할이지 않나. 만일 CEO가 비정상적인 경영 철학을 가지고 있거나, 이익에만 몰두해 직원들의 자기계발과 복지에 소홀하거나 상하복종의 수직적인 기업문화를 가진 곳이라면 홍보 실무자로서 이를 포장하고 알리는 일이 무척 고역일 것 같다. 하지만 디아지오코리아는 사람을 진정으로 대하는 기업 대표의 마인드, 평사원일지라도 자신의 의견을 자유롭게 이야기할 수 있는 수평적인 기업 문화, 사회적으로 건전한 음주문화를 이끌어 가려고 노력하는 등 좋은 요소들을 많이 가지고 있는 회사다. 그러다 보니 우리 회사를 알리고 홍보하는 일이 자

랑스럽다.

특히, 디아지오코리아는 '마음과 마음'이라는 사내 봉사단을 운영하고 있는데 겨울철에는 김치를 담가 소외계층에 나눠주고, 매주 금요일에는 직원들이 직접 빵을 만들어서 경제적으로 어려운 아이들에게 무료로 제공하고 있다. 봉사활동에는 회사 대표와 중역들도 참가하는데 사진을 찍어 언론에 배포하기 위한 형식적인 봉사가 아닌 진정 마음에서 우러나오는 참여 열기가 느껴져 개인적으로 기업의 CSR 활동을 알리는 것에 가장 큰 보람을 느낀다.

Q. **기업브랜드 홍보에 있어 실무자가 반드시 갖춰야 할 역량은 무엇인가?**

A. 기업 홍보에 있어 빠질 수 없는 것이 위기관리다. 평소 철저히 대비한다 해도 간혹 안 좋은 이슈에 기업명과 상품명이 노출되는 경우가 있는데, 이때 홍보 실무자들이 어떻게 대응하느냐에 따라 네거티브 수위를 낮출 수 있다.

우리 회사의 경우 술을 다루는 곳이고 또 시장업계 1위 기업이다 보니 '술'과 관련한 이슈에 꼭 기업명이 노출되는 편이다. 가령, 국내 경기 위축으로 인해 위스키 판매량이 전년대비 급감했다는 뉴스가 보도될 때 우리 회사의 제품 이미지 또는 브랜드명이 노출되는 경우가 그것이다. 실제로는 우리 회사의 매출은 소폭 상승했음에도 불구하고 뉴스와 기사에서는 해당 사실이 묻히게 된다. 이처럼 바람직하지 않은 상황에 놓였을 때 그 결과를 최소화시키고 기업 이미지를 회복시킬 수 있으려면 홍보 실무자가 전략적으로 생각할 줄 알아야 한다.

따라서 사전에 위험요소가 될 만한 것을 미리 감지하기 위해 사회, 경제, 정치 등의 이슈들을 사전 모니터링 하는 것이 중요하고, 특히 위기관리를 할 때는 미디어와 적정선을 유지하면서도 긴밀한 관계를 가져야 한다. 과거에는 언론사 기자들과 형님 아우처럼 돈독하게 지내는 것이 기업 홍보의 비결로 여겨졌으나 이제는 인맥에 의지하는 홍보는 지났다고 생각한다. 우호적인 관계를 유지하되 중·단기 홍보전략을 세워 이를 추진하는 것이 바람직하다.

Q. 주류 회사 홍보팀에서 근무하니 술 접대를 많이 해야 할 것 같은데 어떤가?

A. 전혀 아니다. 우리 회사는 건전한 음주 문화를 지향하는 회사다. 그렇다 보니 광고 포스터나 CF를 제작할 때에도 술 마시는 것을 권장하거나 술 이미지를 지나치게 과장하는 것을 모두 금지하고 있다. 회식 때도 술을 권하지 않을뿐더러 음주운전을 단 한 차례라도 하면 바로 퇴사 조치 당할 정도로 술에 대해 엄격한 기업문화를 가지고 있다. 때문에 기자들과의 미팅 시 술 접대는 거의 없는 편이다. 흔히 홍보인이 되려면 술을 잘 마셔야 한다고 생각하기 쉬운데 술을 즐겁게 마시는 것과 많이 마시는 것은 전혀 다른 문제다. 만일 우리 회사 홍보팀에서 근무하고 싶다면 대학 때부터 적당히 즐겁게 마실 수 있는 음주습관을 들이는 것이 좋다.

Q. **사회 선배로서 미래의 후배들에게 조언해준다면?**

A. 홍보를 '사람 영업'에 비유하곤 하는데, 싫은 소리를 많이 듣고 사람과의 관계에서 겪는 스트레스가 상당하기 때문이다. 이때 그런 상황들을 여유롭게 잘 컨트롤 할 수 있는 맷집이 있는 사람이 홍보 실무자로 적합할 것 같다. 특히, 회사는 학교가 아닌 실전이라는 점을 명심했으면 한다. 학교에서는 선생님이 학생들을 위해 일일이 설명하고 가르쳐 주지만 회사는 매우 치열한 곳이다. 물론 선배들이 업무와 회사 생활에 관해 전반적으로 조언과 도움을 주겠지만 결국 모든 것을 스스로 부딪힘으로써 그 경험과 지식을 자기 것으로 만들어야 한다. 간혹 어린 여직원들 중에 힘든 회사생활을 견디지 못해 중간에 포기하는 경우를 종종 보는데 사회 선배로서 매우 안타깝다. 학교를 졸업하고 회사에 입사하면 처음에는 좋은 일보다 힘든 일이 더 많을 것이다. 그 순간을 대범하게 견뎠으면 한다.

경험은 다양하게 할수록 좋다. 단, 이것저것 무작위로 경험하기보다는 내가 꼭 한 번 경험해보면 좋을 것들을 리스트로 만들어 실행에 옮겨 보면 먼 훗날 대학 시절을 돌이켜 봤을 때 '그때 이런 걸 해볼걸' 하는 후회가 덜 할 것이다. 모든 경험은 언젠가는 빛을 발하게 된다. 대학 때 경험한 일들이 당장은 우습게 보일 수도 있지만 이러한 경험들이 훗날 아이디어를 내거나 기자를 상대하거나 이벤트를 진행할 때 좋은 밑거름이 되어 줄 것이다.

사내 홍보, 직원의 입장에서 생각하는
서비스 마인드와 기획력 필요

대웅제약 홍보팀 사내 커뮤니케이션 담당 이화수 차장

대웅제약은 대한민국을 대표하는 제약회사다. 1961년 출시된 우루사를 필두로 다양한 전문의약과 건강기능식품 등을 개발하여 국민건강 증진에 기여하고 있다.

Q. **사내 커뮤니케이션과 대외언론홍보 업무의 가장 큰 차이는 무엇인가?**

A. 홍보를 해야 하는 타깃 즉, 대상이 다르다는 것이 가장 큰 차이점이다. 대외언론홍보담당자는 기자와 외부 고객을 대상으로 홍보 활동을 펼치는 것이고 사내 커뮤니케이션은 회사 임직원이 그 대상이다. 대웅제약에는 약 1천 6백여 명의 임직원이 근무하고 있으며 사내 커뮤니케이션 실무자는 사내 정보가 임직원들에게 원활하게 공유될 수 있도록 소통시스템을 운영, 관리하고 임직원 참여 프로그램을 기획 및 실행하는 업무를 한다.

　　대웅제약은 '베어투게더'라는 웹진을 사내소통시스템으로 운영하고 있는데, 웹진을 제작함으로써 최근 회사 내에 발생한 이슈와

대웅제약 이화수 차장
이화수 차장은 기업 대외언론홍
보 실무와 홍보대행사 경험을 두
루 쌓은 베테랑으로 현재 대웅제
약 홍보팀에 소속되어 사내 커뮤
니케이션 업무를 전담하고 있다.

소식, 그리고 직원들이 반드시 알아야 할 정보를 전달한다. 또한, 대웅제약 각 부서를 탐방해 인터뷰한 내용을 실음으로써 직접적으로 대면할 기회가 없는 직원들이 웹진으로나마 서로의 얼굴과 해당 부서가 하는 일이 무엇인지 알 수 있도록 하고 있다. 이 외에도 회사의 인프라와 시설, 정보 등을 직원들이 더욱 잘 활용할 수 있도록 장려하는 캠페인 시행도 사내 커뮤니케이션 실무자가 주도적으로 처리하는 업무다. 현재 대웅제약은 보다 효과적으로 사내 소통을 할 수 있는 툴을 마련하기 위해 사내 인트라넷을 리뉴얼하는 중이고, 최근 쌍방형 소통이 가능한 사내 SNS도 오픈했다.

Q. **홍보 실무자, 특히 사내 커뮤니케이션 담당자가 되기 위해 어떤 노력을 했는지 궁금하다.**

A. 홍보팀 입사를 목표로 취업 준비를 했던 것은 아니었다. 원래 기획 일을 하고 싶었는데 첫 회사에서 우연한 기회로 홍보팀에서 근무하게 되었고 막상 일을 해보니 홍보가 무척 재미있고 매력적이라는 생각이 들어 지금까지 하고 있다. 홍보 분야에서 전문가가 되기 위해 노력한 점을 꼽으라면 언론홍보대학원에 진학하여 체계적으로 이론을 공부한 점, 그리고 홍보대행사로 이직해 다양한 경험을 쌓았던 점을 꼽을 수 있겠다.

사실 기업 홍보팀은 신입사원을 잘 뽑지 않는다. 만일 홍보팀 특히 사내 커뮤니케이션 일을 하고 싶은 사람이라면 홍보대행사에서 경력을 쌓고 이직하는 것이 가장 현실적인 취업 방법이다. 우리나라에는 중소 홍보대행사들이 무척 많다. 기업 규모를 따질 것이 아니라 일단 홍보 일을 배우고 익힐 수 있는 곳이라면 지원해 보기 바란다.

Q. 사내 커뮤니케이션 업무의 가장 큰 매력은 무엇인가?

A. 주체적으로 일을 기획하고 실행에 옮길 수 있다는 것이 이 일의 가장 큰 장점이자 매력이라고 생각한다. 대외언론홍보담당자의 경우 외부 상황, 즉 기자들이 급하게 자료를 요청하거나 다양한 이슈 발생으로 위기관리를 해야 하는 상황이 되면 본인이 계획했던 일정과 업무 스케줄이 모두 틀어지기 쉽다. 하지만 사내 커뮤니케이션은 우리 직원들에게 필요할 것 같은 프로그램을 중·장기적으로 계획해 차근히 실행해 나갈 수 있어 성취감이 큰 편이다.

사내 커뮤니케이션 실무자로 일하면서 매 순간이 보람되지만 특히 우리가 준비한 이벤트를 직원들이 즐기고 좋아해 줄 때 가장 큰 보람을 느낀다. 얼마 전 사내 웹진 '베어투게더' 오픈 1주년을 맞아 '헬스베어가 쏜다'라는 이벤트를 실시한 적이 있다. 팀 단위로 1주년 축하 인사말을 남기면 곰 탈과 복장을 갖춰 입은 헬스베어가 사무실을 깜짝 방문해 이벤트를 벌인 것인데 직원들의 반응이 무척 뜨거웠다. 이처럼 사내 커뮤니케이션 담당자들이 기획해 실행한 캠페인이나 이벤트에 대해 직원들이 호응해 주고 적극적으로 참여할 때 업무 담당자로서 가장 기쁘고 보람된다.

반면에 매 순간 주어진 아이템에 맞게 홍보를 열심히 한다고 했지만 직원들에게 메시지가 잘 전달되지 않을 때, 그리고 전사 임직원의 근무 문화를 더 발전시키기 위해 적극적으로 캠페인을 펼쳤음에도 불구하고 직원들의 태도 변화가 부족할 때는 힘든 것이 사실이다.

Q. **능력 있는 사내 커뮤니케이션 실무자가 되려면 어떤 역량을 갖추고 있어야 하나?**

A. 직원들이 필요로 하는 소통 프로그램을 기획하고 운영해야 하는 만큼 직원의 입장에서 생각하고 접근하려는 서비스 마인드가 필요하다. 또한 기획력도 홍보담당자가 갖춰야 할 중요한 능력 중 하나인데, 같은 내용이라도 어떤 메시지로 어떻게 전달하느냐에 따라 직원들이 받아들이는 정도가 다르기 때문이다. 실례로 최근 실시한 '111 회의 캠페인'이 서비스 마인드 그리고 기획력을 바탕으로 진행하게 된 사내 캠페인이다. 대웅제약은 직원들을 대상으로 매년 설문을 실시하는데 '회의 효율성' 부분에서 2007년과 2013년 결과가 모두 안 좋게 나왔다. 자세히 알아보니 회의시간 준수와 회의 자료 공유가 잘 안 되어 직원들이 불편을 느끼고 있다는 점을 알게 됐다. 이에 사내 커뮤니케이션 담당자들은 어떻게 하면 지금의 회의 문화를 개선할 수 있을까 고민한 끝에 '회의 자료는 1일 전 공유하고, 회의는 1시간을 넘지 않는다' 등의 핵심 메시지가 담긴 캠페인을 벌이게 된 것이다. 만일 '회의시간 엄수! 회의자료 사전 공유 필수!' 등의 딱딱한 메시지로 캠페인을 전개했다면 직원들이 불쾌하게 생각할 수도 있고 참여율도 저조했을 것이다.

이론과 실무 능력 갖춘 인재, 공공PR 전문가

"기업 홍보보다 공익 목적의 홍보를 해보고 싶은 학생입니다. 중앙부처에도 정책이나 각종 행사를 홍보하는 사람들이 있으리라 생각합니다. 홍보를 담당하는 사람들도 일반 행정직으로 뽑나요? 아니면 특별히 다른 시험을 보고 들어가나요? 그 사람들은 공무원인가요? 만약 공무원이 아니라면 정년이 보장되지 않을 것 같은데, 향후 진로나 전망이 불투명해서 불안하지는 않은지 궁금해요."

사회학과 졸업, 윤영주(27세)

흔히 '홍보'는 '거짓말'이라는 생각을 많이 한다. 또는 관련 업무를 하지 않거나 전공하지 않았다면 '누구나 쉽게 하는 일' 정도로 생각할지도 모른다. 드라마에서도 별다른 능력이 없는 재벌 2세 혹은 3세를 홍보실부터 근무하도록 한다. 물론 요즘은 홍보에 대한 인식이 많이 변했지만, 정부부처나 공공기관에서는 홍보의 필요성에 대해 느끼고 전문 인력을 채용해야 한다는 사실까지 인식하는 조직이 아직까지 많지는 않은 편이다.

하지만 국가와 공기업에서도 홍보가 필요하다. 실제 정부나 공공기관에서 국민을 위해 실시하는 좋은 정책이 많이 있지만 대부분의 사람이 몰라서 이용을 못 하는 경우가 많다. 이런 상황을 타개하기 위해 몇몇 정부부처 및 공공기관에서는 홍보 전문가를 고용하여 더욱 많은 사람들이 정책을 알고 이용할 수 있게끔 하고 있다. 이런 일을 하는 사람들이 바로 공공PR 전문가다.

... 보도자료부터 교육 특강까지

공공PR 전문가라고 하면 국민을 대상으로 하는 정책 홍보만을 떠올리기 쉽다. 하지만 공공 홍보담당자도 일반 기업 홍보담당자처럼 다양한 업무를 수행한다. 언론 홍보를 위한 보도자료 작성부터 기획기사 개발, TV 프로그램 협찬 시나리오 구성 등 미디어에 노출되는 모든 업무를 담당한다. TV, 라디오, 옥외광고 업무와 온라인 홍보를 위한 홈페이지, SNS 관리 및 운영도 주요 업무 중 하나다. 홍보 분야에 따라 사내 PR(Internal PR)을 위한 사보 발간부터 교육 특강까지 기획해야 하는 경우도 있다. 공공기관 CI(Corporate Identity), PI(President Identity) 홍보를 위한 컨설팅도 진행한다.

공공PR 전문가의 일과는 여느 PR컨설턴트와 마찬가지로 모니터링으로 시작한다. 신문, 방송사 기사 모니터링을 통해 소속된 기관이나 현재 진행 중인 캠페인과 연관된 이슈가 없는지 분석한다. 공익캠페인을 위해 TV광고 콘티도 보고, 온라인 홍보를 위해 블로그 및 각종 SNS도 점검하며 신문 기사화를 위해 다양한 자료를 취합하기도 한다. 오프라인 이벤트도 기획하고 정책 홍보를 위해 정책 내용을 가공하기도 하며 이를 효과적으로 전달하기 위해 다양한 매체와도 접촉한다.

··· 진정성을 가진 사람이 되어라

어떤 조직을 대표해 '잘 봐달라, 잘 들어달라, 잘 생각해달라'고 얘기할 때 이를 전달하는 사람이 호감이 가는 사람이면 참 효과적일 것이다. 호감은 외모를 통해서도 생길 수 있지만 무엇보다 신뢰감이 큰 몫을 한다. 신뢰만큼 상대방을 크게 변화시킬 수 있는 요소는 없다. 아무리 이야기하는 사람의 외모가 훌륭하다 하더라도 신뢰감을 줄 수 없다면 사람들은 그의 외모만을 볼 뿐 하는 말을 귀담아들으려 하지 않는다. 홍보 활동은 자칫 '좋은 물건이다, 좋은 기업이다, 좋은 서비스다'라고 사람들을 거짓이나 과대 포장으로 현혹시키기 참 쉬운 분야기도 하다. 때문에 공공PR 전문가를 꿈꾼다면 윤리의식을 반드시 가져야 한다. 거짓이 아닌 진정성으로 믿음을 줄 수 있는 사람이 공공PR 전문가로 적합하다.

PR 활동을 잘하려면 상대방을 잘 이해하고 전하고자 하는 메시지를 가장 효과적으로 가공해서 전달할 수 있는 기획력이 필요하다. 그러기 위해서는 분석 능력과 경험이 축적되어야 하고 메시지를 자유롭게 다룰 수 있는 표현력이 풍부하면 좋다. 또한, 커뮤니케이션을 하기 위해 활용할 수 있는 매체에 대한 구체적인 이해가 있고, 전하고자 하는 메시지를 설득력 있게 표현하기 위한 창의적인 능력을 보유하고 있으면 PR활동에 많은 도움이 된다.

··· 공공PR 전문가가 되기 위해 준비해야 할 것

공공PR 전문가가 되기 위해서는 해당 분야의 경력이 매우 중요하다. 학사 졸업 후 홍보 업무에 대한 경력을 많이 쌓아 지원할 수도 있고, 석사 졸업의 경우 경력 기간이 조금 짧아도 충분히 응시할 수 있다. 공공기관마다 다르지만 석사 이상의 학위를 가진 경우 경력 기간 자체에 대한 요구 수준은 조금 낮아지기 때문이다. 취재 중 만난 공공PR 전문가는 일반 홍보회사에 근무하던 중 대학원에서 논문을 준비하며 현장에서 했던 업무들을 보다 체계적으로 정리하고 익힐 수 있었다고 말했다.

홍보 분야도 명성관리(Reputation management), 위기관리(Crisis management), 공공PR(Public Affair) 등 다양한 전문분야들로 분화되고 있는 추세다. 특히 공공 홍보 부문은 채용 시 전문성을 가장 중점적으로 본다. 일반 행정직 공무원처럼 공무원 시험을 보는 것이 아니라 서류와 면접을 통해 전문계약직으로 채용하기 때문이다. 요즘에는 공공기관들에서도 홍보 분야를 전문 분야로 보고 사무관급(5급)의 민간경력자 채용에도 수요가 생겨나는 추세다. 공공홍보 분야에서 지속적으로 활동하려면 세분화되는 PR영역에서 자신만의 전문성을 발휘할 수 있도록 꾸준히 노력해야 한다.

대학 시절 홍보 관련 지식을 쌓는 것도 좋지만 풍부한 경험 또한 중요하다. 취재 중 만난 공공PR 전문가 Y는 보건복지부 입사 당시의 에피소드를 들려주었다. 보건복지부는 우리나라의 '저출산 문제'를 극복하기 위한 공익캠페인 홍보 전문가를 찾고 있었는데, 그녀는 면접 당시 햄버거를 홍보하려면 햄버거를 먹어봐야 하듯이 '아이를 낳자!' 홍보를 하려면 역시 아이를 낳아 본 사람이 더 잘할 수 있다고 주장했다. 그 결과, 그녀는 보건복지부의 홍보 전문가로서 활동할 수 있었고, '마음을 더하세요, 마더하세요'라는 저출산 극복 캠페인이 탄생하게 되었다. 취업 준비생이 직접 출산을 경험하기는 어려우므로 이를 다른 기관이나 정책에 대입해보자. 예를 들어 고용노동부에서 시간선택제 일자리 정책을 홍보하는 전문가를 뽑는다면, 시간선택제 일자리 박람회 방문이나 실제 파트타임을 했던 경험 등을 이야기하고 그때 느낀 점과 개선방안 등을 제시한다면 훨씬 설득력도 있고 진정성도 보여줄 수 있을 것이다. 이처럼 다양한 정책을 홍보하고 싶다면 그에 대한 이해도 우선되어야 하지만 풍부한 경험을 하는 것이 취업에 도움이 된다.

열심히 일할수록 국민에게 도움이 되는
공공PR의 매력

국민연금공단 홍보실 김유향 홍보전문위원

국민연금공단은 1987년 설립되어 연금과 복지서비스로 국민의 행복한 삶에 공헌하는 것을 목적으로 하고 있다.

Q. **공공PR 전문가가 된 특별한 계기가 있었나?**

A. 7년 정도 민간 PR대행사에 근무했다. 그동안 맥도날드, 해찬들, 미스터피자처럼 먹는 음식부터 입는 옷(르까프), 바르는 화장품(미샤), 교육 분야(YBM영어) 등의 다양한 고객사들을 홍보했지만 10개월 정도 철도청으로 파견 나가서 진행했던 'KTX 개통 언론홍보'가 가장 보람 있고 기억에 남는다. 단순히 제품을 더 많이 팔아 기업의 이익을 도모하려는 목적의 홍보보다 국민에게 도움이 되는 공익 목적의 홍보에 큰 매력을 느꼈기 때문이다. 스스로 좀 더 열심히 홍보하면 보다 많은 사람이 유익한 정보를 얻고 실질적인 혜택을 받기 때문에 업무에 대한 의욕도 더 생겼다. 이후 공공홍보를 전문적으로 해보고 싶어 홍보전문위원에 도전하여 현재에 이르렀다.

국민연금공단
김유향 홍보전문위원

김유향 홍보전문위원은 글로벌
PR컨설팅 업체 코콤포터노벨리
에서 7년간 근무했으며. 대학원
에서 위기관리 관련 논문으로 석
사 학위를 취득했다. 보건복지부
홍보전문위원을 거쳐 현재는 국
민연금공단 홍보실에서 홍보전
문위원으로 일하고 있다.

Q. **이 일을 하기 위해 대학 시절 준비한 것이 있다면 무엇인가?**

A. 대학 재학 당시에는 홍보 업무에 대해 잘 몰라서 홍보인이 되기 위한 준비를 따로 하지는 않았다. 하지만 대학 방송국 생활을 통해 뉴스 기사도 써 보고, 가요제도 진행해 보고, 방송제를 만들어 본 것이 도움이 됐다. 무엇보다 사람을 상대하고 설득해야 하는 업무 특성상 많은 사람과 만나고 그 안에서 편안하게 대화할 수 있는 사회성을 익힐 많은 기회를 가졌던 것이 큰 도움이 됐다고 생각한다.

Q. **취업에 성공할 수 있었던 비결이 무엇이라 생각하나?**

A. 취업은 나에게도 어려운 일이었다. 나 역시 첫 직장은 근사한 회사였으면 하는 바람도 있었다. 하지만 여러 여건상 일단 IT 벤처 기업에서 먼저 일을 시작했는데 일을 하다 보니 평소에 잘 모르던 홍보 분야도 접하게 되고 학생일 때는 알 수 없었던 다양한 세계가 펼쳐지는 걸 느낄 수 있었다. 무조건 남이 알아주는 멋진 회사만을 목표로 해 취업 준비에만 매달리는 것보다 작은 회사에서라도 경험을 쌓고 세상을 보는 시야를 넓히는 것이 후에 더 큰 도움이 된다고 자신 있게 권하고 싶다. 망설이지 말고 작아 보이는 일에도 적극적으로 도전해보길 바란다.

Q. **일반 공무원과 달리 정년이 보장되지 않는 것에 대한 불안감은 없는가?**

A. 안정된 회사 생활을 추구하는 성향의 사람이라면 홍보 업무 자체

가 잘 맞지 않을 수도 있다. 항상 새로운 시도를 해야 하고, 날카로운 비판도 받아야 하고, 관심도 없는 대상을 향해 지속적으로 설득을 해야 하는 업무 특성이 있기 때문이다. 안정적인 직업이 아니라고 불안해하고 피하기보다 적극적으로 부딪혀서 본인의 전문성을 높여 간다면 50대가 되고 60대가 되어도 지금처럼 홍보 전문가인 나를 필요로 하는 회사와 조직은 계속 있지 않을까 생각한다. 내가 취업을 위해 회사를 찾기보다 나의 전문성을 찾는 회사가 계속 있도록 만드는 것이 나의 목표다.

광고의 구심점, 광고기획자(AE)

"수능을 마친 후 전공과 진로를 고민하기 시작했어요. 내가 무엇을 잘할 수 있고, 어떤 일을 즐길 수 있는지 고민한 끝에 광고기획자가 되어야겠다고 결심했죠. 직접 실무를 경험해 보진 않았지만 제가 생각했을 때 광고기획자는 광고주 관리 및 발굴, 내부 팀과 회의를 하는 등 손이 열 개라도 부족할 만큼 많은 업무를 해야 할 것 같아요. 그래서인지 세상에서 가장 바쁜 직업이라는 생각도 들어요. 흔히 광고기획자라고 하면 기획력 및 통찰력만큼 영업력도 중요하다고 하더라고요. 그래서 광고주를 접대하는 자리가 많다고 들었는데 사실인지 궁금해요."

광고홍보학과 재학, 문대원(26세)

우리는 광고를 통해 기업 브랜드나 제품을 인식한다. 잘 나온 광고 덕분에 브랜드 이미지가 상승하고 제품의 매출이 급등하는 것이 그 이유다. 단 15초라는 짧은 시간 안에 소비자의 마음을 움직이는 광고. 이러한 광고의 탄생 뒤에는 광고대행사의 핵심직군인 광고기획자(AE)가 있다.

AE는 광고 전략을 수립하고 기획한 방향대로 결과물이 나올 수 있도록 광고 활동을 지휘하는 사람으로 하나의 광고가 탄생하기까지의 모든 과정에 관여한다. 또한 AE는 광고회사를 대표하여 광고주를 만나고, 경쟁PT를 통해 광고를 따내어 회사의 수익을 도모하는 역할을 한다.

... 광고계의 멀티플레이어, AE

광고기획자는 흔히 광고주가 어떤 광고를 만들고자 하는지를 대변하고, 광고주에게는 소비자와 대행사의 입장을 대변하는 역할이라고 이야기되곤 한다. 캠페인 선에서만 이야기하자면 그러하지만 사실 광고기획자는 이보다 훨씬 많은 일들을 해내야 한다.

먼저, 광고기획자는 광고주가 어떤 의도로 광고하고자 하는지를 파악한다. 예를 들어 광고주가 브랜드 인지도를 높일 수 있는 광고를 원한다면 AE는 현재 해당 브랜드가 가지고 있는 문제점이 무엇인지, 어떤 콘셉트로 기획해야 소비자의 마음을 사로잡을 수 있는지에 대한 키 콘셉트(Key concept)를 찾아낸다. 이때 가장 먼저 진행되는 작업이 '팩트북(Fact book)' 제작을 통해 해당 브랜드나 제품에 대한 일반적인 정보를 수집하여 문제의 실마리들을 찾는 것이다. 예를 들어 자동차 광고를 맡았다면 해당 제품의 연비, 외관 등의 기본적인 정보들과 이전 광고는 어떻게 진행되었는지에 대한 정보를 수집한다. 또한 언론에서 바라보는 제품의 이미지, 소비자의 반응, 전문가가 제품을 바라보는 의견들을 취합하여 팩트북을 제작한다. 제품이나 브랜드에 대한 충분한 공부를 해야 문제의 본질을 파악하고 효과적인 광고를 기획할 수 있기 때문이다.

브랜드나 제품의 문제점을 설정하고 이에 대한 솔루션을 함축한 콘셉트가 정해지면 제작팀과 회의를 거쳐 다양한 아이디어들을 개발하고 다시 리뷰 하는 시간을 갖는다. 리뷰 후 광고물(Creative)이 나오면 광고주에게 캠페인에 대한 내용을 보고한다. 보고한 내용이 채택되면 해당 내용으로 광고 제작을 진행한다. 제작(촬영)한 결과물이 나왔을 때 AE는 먼저 광고주와 시사회를 갖는다. 이후 최종 선택된 결과물을 어떤 매체를 활용하여 집행할 것인지 매체플래너들과 협의하고 실제 매체 집행을 한다. 매체 집행 후 제작비와 집행비를 정산하는 것도 AE의 몫이다. 즉, 하나의 광고가 만들어지기까지의 시작과 끝, 전 과정에 참여한다고 보면 된다.

광고주와의 모든 커뮤니케이션도 AE가 맡아 진행해야 한다. 전체적인 광고제작 일정 및 계획을 조율해야 하며 함께 일하는 제작팀의 스케줄도 파악하여 일정을 맞춰야 한다. 광고에 문제가 생기거나 의논해야 하는 일이 있어도 광고주는 가장 먼저 AE를 찾는다. 이처럼 AE는 전반적인 광고 제작 업무에 모두 관여되어 있다. 때문에 광고주는 물론 회사 내부의 다양한 팀과 미팅을 해야 하고 광고 제작 현장에도 나가야 한다. AE는 워낙 유동적인 업무이기 때문에 일과가 정해져 있지는 않다. 또한 아이디어 회의는 좋은 아이디어가 나올 때까지 계속 진행되는 경우가 많아 언제 회의가 끝날지 예측하기 힘들다.

광고에 대한 아이디어는 제품이 가지고 있는 팩트에서 가져올 수도 있고 인사이트에서 끌어내는 경우도 있다. 전자라면 제품 혹은 브랜드에 대한 공부를 많이 해야 하고, 후자의 경우에는 사람과 사물에 대한 관찰이 선행되지 않으면 해낼 수 없는 부분이다. 광고기획자는 세운 전략에 따라 이번 캠페인에서 필요한 것이 무엇인가를 파악하고 각자의 방식으로 고민하게 된다.

광고 기획은 주로 팀을 이루어 업무를 진행하게 되는데 프로젝트(광고)의 성격에 따라 참여하는 인원이 달라진다. 기본적으로 한 프로젝트에 3명의 AE가 참여한다. 프로젝트 성격이 가벼우면 최소 2명의 AE가 진행하기도 하고, 대형 프로젝트의 경우 한 팀 전체가 참여하는 경우도 있다.

ATL(4대 매체)과 BTL의 경계가 모호해지면서, 최근 많은 광고들이 캠페인 체제로 움직이고 있다. 하나의 콘셉트로 다양한 시리즈형 광고를 쏟아내고, 이를 활용하여 TV는 물론 인터넷이나 소셜 미디어 등 다양한 매체를 통해 소비자에게 선보이는 것이다. 이 경우에는 캠페인의 큰 틀을 기획한 다음 업무가 진행된다. 가령, LTE WAPP이라는 캠페인을 진행하고 다스베이더를 활용한다는 큰 틀이 잡혔다면 이후에

는 해당 콘셉트를 가지고 선보일 수 있는 다양한 소재들을 기획하게
된다. 예를 들어 온라인 바이럴을 통해 다스베이더가 인천공항을 통해
한국에 입국하는 소재, 서울 시내를 돌아다니는 오프라인 퍼레이드,
LTE WARP가 필요한 생활 속 스토리를 담은 TV광고 등 콘셉트에 맞
는 다양한 소재들을 개발하는 것이다. 캠페인 설계 내용에 따라서 다
양한 형태의 광고가 소비자에게 소개된다.

··· 가장 중요한 건 체력, 그리고 또 체력!

취재를 위해 만난 AE들에게 광고기획자가 갖춰야 하는 역량에 대해
물은 결과 그들은 입을 모아 1순위로 체력을 꼽았다. 광고대행사는 광
고주의 스케줄에 따라 움직여야 하는 일이 많다. 또한 반드시 업무를
끝내야 하는 마감일이 정해져 있기 때문에 주어진 시간을 100% 활용
해 일을 해결해야 한다. 일을 처리할 때까지 필요한 시간은 한정되어
있기 때문에 신입사원의 경우 업무에 익숙하지 않아 야근은 물론 밤샘
작업까지 해야 하는 경우가 많다. 때문에 광고기획자에게 가장 필요한
건 높은 업무 강도를 버틸 수 있는 체력이다. 대형 광고대행사에 근무
하고 있는 J 역시 신입 광고기획자가 갖춰야 할 역량으로 '체력'을 꼽았
는데, 야근도 야근이지만 머리를 많이 써야 하는 일이다 보니 업무를
하다 보면 금방 체력이 동난다고 했다.

광고기획자가 갖춰야 하는 두 번째 자질은 현상을 크게 볼 줄 아는
눈이다. 앞서 언급한 것처럼 AE는 하나의 광고가 만들어지는 모든 과

정에 관여하고 있다. 그런데 업무가 익숙하지 않은 신입사원은 당장 주어진 일에 갇혀 큰 흐름을 놓치기 쉽다. 현재 맡은 업무에만 너무 몰두하지 말고 한 발자국 물러서서 지금 내가 하는 일이 추후 광고가 만들어졌을 때 어느 과정에 속하는지를 볼 줄 알면 일에 대한 솔루션이 생긴다. 실제 취재 중 만난 광고기획자 S는 "하나의 일을 맡았을 때 그 일의 앞뒤 관계를 생각하면 해결책이 보인다."라고 귀띔했다.

세 번째는 근면성으로 이것은 AE에게 가장 중요할 수 있는 덕목이다. AE는 정답을 찾아가는 일을 하지 않는다. 새로운 관점에서 브랜드나 제품을 위한 가장 최적화된 광고전략을 찾아내고 찾아낸 방안으로 광고주를 설득해야 한다. 이렇듯 사회과학적인 성격이 강한 업무다 보니 누가 더 오래, 더 많이 생각하느냐가 중요하다. 그런데 근면성이 갖춰지지 않는다면 이러한 일을 하는 것이 힘들어질 수밖에 없다.

마지막으로 AE는 사물에 대한 관심, 특히 소비자에 대한 관심을 가져야 한다. 소비자에 대해 관심을 가지고 그 안에서 무엇이 중요한지를 발견할 수 있는 힘을 키우는 것이 중요하다. 즉, 끊임없는 관찰과 관심을 통해 브랜드의 성격이나 상황에 맞춰 소비자의 인사이트(니즈)를 발견해 내야 하는 것이다.

... 현장 경험은 가장 좋은 기반이 된다

광고계의 거장 데이비드 오길비는 "가장 좋은 광고는 개인적인 경험에서 나온다."라고 했다. 취업 준비생들에게 경험을 많이 쌓으라는 조언은 괜히 나오는 것이 아니다. 특히 AE의 경우 입사 후 별도의 교육을 거치지 않고 바로 실무에 투입되기 때문에 지원자의 다양한 경험은 입사 여부를 가릴 정도로 중요하다. 때문에 AE를 꿈꾸는 이라면 무엇을 경험해야겠다는 생각만 하지 말고 실천을 해야 한다. 어떤 것이 도움될지 고민하는 시간에 무엇이든 경험을 쌓는 것이 훨씬 도움이 된다. 경험 해본 가짓수가 많을수록 현업에서 써먹을 것이 많기 때문이다. 이처럼 광고계는 지원자들의 경험을 높이 평가하고 있다.

광고대행사에는 똑같은 일이 주어지지 않는다. 가령, 10년 전 삼성전자의 제품과 지금의 삼성전자의 제품이 다르듯 제품과 브랜드가 매번 달라진다. 이러한 업무 사이클에 잘 적응하고 미션을 해결해 나가기 위해서는 다양한 경험이 가장 큰 도움이 된다. 광고기획자는 언제 어떤 광고주를 만날지 모르고 나의 어떤 경험이 광고에 활용될지 모른다. 그러니 지금 무언가를 해야겠다는 생각이 든다면 생각에 그치지 말고 실천에 옮기는 연습을 해야 한다.

광고기획자를 꿈꾸는 친구들에게 공모전은 반드시 거쳐야 하는 필수 코스로 꼽히곤 한다. 공모전이나 대외활동은 간접적으로나마 실무를 경험할 수 있는 가장 좋은 기회다. 그러나 공모전 경력이 입사 시 가산점을 받는 건 아니니 스펙을 쌓는다는 목적보다는 실무에 필요한 것들을 연습해본다는 생각으로 임하는 것이 좋겠다.

최근에는 광고계로 입문하기가 더욱 힘들어진 상황이다. 독립 광고 대행사의 수가 줄고 대기업에 속한 인하우스 대행사가 광고 시장 대부분을 장악하고 있는 데다, 인하우스 대행사의 경우에도 공채를 진행하는 기업은 제일기획과 이노션월드와이드 두 곳 정도이다. 이러한 상황에서는 정공법을 택하는 것보다는 돌아가는 것도 하나의 방법이다. 앞서 언급한 것처럼 광고계에서 경험은 가장 좋은 스펙이 된다. 그러니 대형 대행사 보다 취업의 문이 조금 더 넓은 에이전시나 규모가 작은 대행사에서 우선 경력을 쌓고 이직하는 것도 방법이다.

독립 광고대행사나 인하우스 대행사 외에도 외국계 광고 에이전시도 있다. 일부 취업 준비생들은 외국계 에이전시로 입사하면 해외 지사로 이동할 수 있을 거라는 꿈을 가지고 있는데 사실 이러한 경우는 극히 드물다. 반면 대기업에 속한 인하우스 광고대행사 중 해외에 여러 지사를 가지고 있는 경우도 있다. 현대자동차그룹 광고대행사인 이노션월드와이드의 경우 해외 캠페인팀에서 근무하다가 해외 지사 주재원으로 파견되기도 한다.

광고나 홍보, 혹은 신문방송학 등 관련 전공을 공부하지 않은 학생들은 관련 전공을 공부하지 않은 것이 장애물이 될 것이라는 두려움을 갖고 있다. 그러나 AE에게 전공은 그다지 중요하지 않다. 관련 전공을 공부하지 않았다고 해서 입사 자격이 없는 것은 결코 아니다. 실제 대형 광고대행사에 근무 중인 AE들 역시 다양한 전공 출신이라는 것이 그 증거다.

예비 광고기획자들 사이에서 AE는 광고주를 접대하는 자리가 많아 술자리를 자주 갖는다는 소문이 돌기도 하는데 이는 오해다. AE는 커뮤니케이션이 중요한 직무다. 사람과 사람이 하는 일이기 때문에 서로에 대한 이해도가 높을 때 업무가 원활하게 진행된다. 이러한 업무 특성상 간혹 광고주와 식사를 하는 등의 미팅을 갖곤 한다. 클라이언트와 대행사가 서로 다른 생각을 가지고 캠페인을 진행하는 경우 좋은 결과가 나오기 힘들기 때문이다. 하지만 이는 커뮤니케이션을 통해 업무를 해야 하는 다른 업종의 회사와 동일한 수준이며 무조건 술자리를 갖지는 않는다. 실제 AE 중에서는 술을 전혀 못 마시는 이들도 있다.

광고기획직 취업 핵심정보

- **필요한 자질** 잦은 야근을 버틸 수 있는 체력, 트렌드 파악 능력, 근면성과 사물에 대한 관심.
- **근무 여건** 다른 직무에 비해 야근이 잦은 대신 업무 분위기가 자유롭다. 복장 역시 자율복장인 곳이 많다.
- **입사 방법** 광고기획자는 매번 다른 미션을 수행해야 한다. 때문에 학창시절 풍부한 경험을 쌓으면 입사뿐 아니라 실무를 할 때도 도움이 된다.

대추가 저절로 붉어질 리는 없다

이노션월드와이드 광고기획자 조숙 대리

예비 광고인들의 꿈의 무대인 이노션월드와이드는 현대자동차그룹 광고대행사로 KT, 하이트진로, 불스원, 대웅제약 등의 광고를 제작했다.

Q. **광고기획자가 된 계기가 있다면 알려달라.**

A. 원래는 공연기획 쪽에 관심이 많아서 휴학을 하고 약 1년 정도 공연 쪽에서 일을 했었다. 일을 하다 보니 졸업을 하고 제대로 시작해야겠다는 생각이 들어서 복학을 했다. 나는 대학에서 신문방송학을 전공했는데 당시 교수님께서 공모전에 입상하면 학점을 잘 주겠다는 제안을 하셨다. 그래서 처음으로 공모전에 도전했고 꽤 흥미를 느꼈다. 정해진 마감기간에 하나의 완성물을 제출하고 평가를 받는 시스템 자체가 매력적으로 다가왔다. 또, 결과물이 나올 때까지 스스로 프로젝트를 만들어 나가는 것이 재미있었다. 그렇게 처음 준비한 공모전에서 1등을 했고, 이것이 계기가 되어 그 후 2년에 걸쳐 다양한 공모전을 경험했다. 그러다 우연히 공모전을 주최했던 곳과 연결이 되어 그레이월드와이드라는 곳에

이노션월드와이드 조숙 대리
이노션월드와이드에 2009년 공
채로 입사한 조숙 대리는 그동안
olleh 'love 4g', 'LTE WAPP(워
프)', '빠름빠름빠름' 등의 통신사
캠페인과 에스티로더 그룹의 광
고를 기획했다. 현재는 현대자동
차의 제네시스와 그랜저 캠페인
을 맡고 있다.

서 3개월 동안 인턴을 하게 됐다. 그 후 이노션 공채 공고를 보고 지원했고 광고기획자로 일할 수 있게 됐다.

Q. 이노션은 광고기획자를 꿈꾸는 친구들에게 꿈의 직장이다. 입사 비결을 알려준다면?

A. 공모전을 준비 하면서 실무에 대한 연습을 한 것과 인턴 경험이 도움된 것 같다. 또 나의 경우 이노션에 입사하기 전 취업 스터디를 했는데, 그 덕을 정말 많이 봤다. 스터디를 하면서 하나의 주제나 상황을 제시하고 어떤 관점에서 바라볼 것인지, 어떻게 문제를 해결할 것인지 등의 시뮬레이션을 많이 했었다. 가령, '리콜 해야 하는 상황에 처해진 제품을 광고해야 한다면 어떤 방식으로 문제를 해결할 것인가'라는 식이었다. 입사 지원 시 이때 연습했던 문제가 나왔고 침착하게 답변을 할 수 있었다. 당시 각기 다른 학교, 다른 전공의 친구들과 함께 취업 스터디를 했는데 구성원 80%가 광고대행사 취업에 성공했다.

Q. 광고기획자를 꿈꾸는 많은 학생들이 공모전을 하나의 스펙으로 생각하고 이를 준비한다. AE가 되려면 공모전은 필수로 해야 하는가?

A. 입사 당시, 나를 포함한 15명이 같은 해에 이노션에 들어왔다. 그런데 다양한 공모전 경력이 있는 사람은 내가 유일하더라. 즉, 공모전이 채용의 절대적인 기준이 되진 않는다는 얘기다. 공모전은 하나의 스펙이라기 보다 실무에 도움이 되는 것들을 연습해 볼 수 있는 기회라고 생각한다. 내 관점으로 상품이나 브랜드, 문제

를 바라보고 해결해보는 연습해 보는 좋은 도구인 것이다.

Q. **일하면서 가장 기억에 남는 일이 있다면 무엇인가?**

A. 정말 많은 일이 있었지만, LTE WAPP 캠페인을 진행했을 때가
기억난다. 당시 스타워즈에 등장하는 다스베이더를 활용하여 광
고를 제작하고자 했는데 이를 위해서는 스타워즈의 본사와 계약
이 필요했다. 당시 스타워즈 본사는 샌프란시스코에 있는 '루카
스 필름'이었는데, 당시 부활절 연휴가 겹쳐 연락이 잘 안 됐었
다. 그래서 직접 본사를 찾아가 계약을 했다. 약 열흘 정도 미국
에 있었는데, 처음 2~3일 정도는 전달받은 연락처로 연결이 잘
안되어 여러 곳에 컨택을 해두고 답변을 기다렸다. 그리고 그 후
1차 미팅을 했고 돌아오기 전 한 번 더 미팅을 한 후 스타워즈 콘
텐츠를 활용해도 된다는 확정을 받았다.

Q. **광고기획자를 꿈꾸는 후배들에게 해주고 싶은 조언이 있다면?**

A. 시인 장석주의 〈대추 한 알〉이란 시에는 "대추가 저절로 붉어질
리는 없다."는 구절이 있다. 대추도 붉어지려면 몇 번의 벼락과
태풍을 이겨내야 한다. 광고기획자가 되기 위한 과정도 마찬가지
인 것 같다. 요즘 취업을 하는 것이 보통 일이 아니고, 광고대행
사의 문도 좁아진 것도 안다. 그래도 광고기획자가 되기 위한 무
언가를 실천하면 언젠가는 반드시 보상을 받을 것이다. 어떤 사
람이든지, 어떤 일이든지, 쉬운 일이 없다는 것을 머릿속에 기억
하고 취업 준비를 하면 위안이 될 거다.

AE에게 가장 중요한 것은 광고에 대한 열정

애드쿠아 인터렉티브 전략 2본부 임정욱 본부장

2000년에 설립된 애드쿠아 인터렉티브는 디지털 중심의 마케팅 에이전시로 기업과 브랜드에 필요한 통합 디지털 마케팅 솔루션을 제안한다. 코카콜라, 디아지오코리아, 빈폴, 삼성전자 등 많은 기업 및 브랜드의 파트너로 다양한 디지털 커뮤니케이션을 진행하고 있다.

Q. 광고기획자가 된 계기는 무엇인가?

A. 사실 광고기획자에 대한 열정으로 이 직무에 지원한 것은 아니었다. 원래 나의 꿈은 카피라이터였다. 우연한 기회에 AE로 입사하게 됐는데, 실무를 하다 보니 광고에 대한 열정이 생겼다. 특히 업무 3~4년 차가 되면 캠페인을 만들 수 있는 기회가 주어지는데, 이때 AE라는 직무의 매력을 흠뻑 느꼈던 것 같다. 당시 나는 '아빠, 힘내세요!'라는 BC카드 캠페인을 진행했는데 열심히 준비한 캠페인이 성공했을 때의 뿌듯함을 맛볼 수 있었다. 또 경쟁 PT를 할 때 내가 열심히 준비한 내용으로 사람들을 설득할 수 있다는 점이 재미있게 느껴졌다.

애드쿠아 인터렉티브
임정욱 본부장
임정욱 본부장은 화이트 커뮤니
케이션과 그레이프, 오리콤, 엘
베스트, 제일기획을 거쳐 2013년
부터 애드쿠아 인터렉티브 전략
2본부를 맡고 있다. 그동안 BC
카드, KB국민은행, 서울우유, 삼
성 에어컨 등의 광고를 맡았으
며, 현재 스미노프와 P&G 캠페
인, 삼성전자 글로벌 등을 담당
하고 있다.

Q. 광고기획이라는 업무는 야근도 잦고 힘든 일이 많다고 들었다. 그만두고 싶은 순간은 없었나?

A. 당연히 있었다. 특히 경쟁 PT에서 광고를 따지 못하거나 기획한 광고가 성공을 거두지 못했을 때 극한 슬럼프가 찾아온다. 그때마다 초심을 떠올렸다. 회사를 많이 옮겼지만 나 스스로는 이직을 한 적은 없다고 생각한다. 근무하는 조직만 달라졌을 뿐 AE라는 직무에서 벗어난 적이 없기 때문이다. 이 부분 역시 내가 슬럼프를 극복할 수 있었던 힘이 됐다. AE라는 직무를 계속하고 있기 때문에 '언제든지 더 좋은 캠페인을 만들어 낼 수 있다'고 생각했다.

Q. 디지털 에이전시와 광고회사의 AE가 하는 업무에 차이가 있나?

A. 업무 자체에 차이가 있다기보다는 업무 호흡이 다르다. ATL을 주로 하는 광고회사는 업무 호흡이 길기 때문에 전략이나 방향을 깊이 있게 고민할 수 있다. 반면 디지털 에이전시는 매체 특성상 업무 호흡이 짧다. 가령, 일반 광고회사에서 일 년에 여섯 개의 광고를 만든다면 디지털 에이전시에서는 열두 개의 캠페인을 만드는 식이다. 또 디지털 에이전시의 경우 캠페인에 대한 반응이 즉각적으로 오기 때문에 결과물을 내보낸 후의 작업이 아무래도 더 많은 편이다.

Q. 전공 제한이 없다고는 하지만, 아무래도 관련 전공을 공부하지 않은 친구들은 진입 장벽이 있다고 느끼더라. 조언해준다면?

A. 전공 제한은 정말 없다. 함께 일했던 이들 중에도 생물학, 화학 등 연관성 없는 전공을 공부한 친구들이 많다. 만약 관련 전공이 아니라고 해서 AE로 지원하는 데 두려움을 느낀다면 그 분야에서 AE란 직무에 적용할 수 있는 것을 찾아보라고 권하고 싶다. 예를 들어 법학을 전공했다면 AE가 반드시 알아야 할 '자율심의'라든지 '소비자 보호법' 등의 법률적인 해석과 AE라는 직무를 연결해보는 것이다. 자기 분야와 AE라는 직무의 연결점을 찾아 어필한다면 본인만의 차별화가 되리라 생각한다. 단, 전공자이든 비전공자이든 AE가 되고 싶다면 현재 광고 시장에서 트렌드가 되는 것은 무엇인지 등에 대한 공부와 준비는 반드시 뒷받침되어야 한다.

무엇보다 중요한 것은 광고에 대한 열정이다. 일반적으로 기업에서는 관련 전공자가 보다 실무에 빠르게 적응할 수 있다는 이유로 선호한다고 알려져 있다. 그러나 그것보다 우선시 되는 것은 바로 '사람에 대한 생각'이다. 관련 전공이 아니라 두려움을 느낀다면 기업에서 왜 관련 전공을 우선시하는지 고민해봐라. 그러다 보면 좋은 인사이트를 찾을 수 있고 공감대를 찾는 자신의 모습을 발견할 수 있을 것이다. 이것이 광고의 시작이며 끝이라 할 수 있다. 이러한 점을 염두에 두고 준비한다면 원하는 목표를 이룰 수 있을 것이다.

15초의 비주얼을 만들다, 아트디렉터

"우연히 해외광고를 보게 됐는데 비주얼 하나하나가 정말 멋지더라고요. 그 때부터 해외 유명 광고들을 찾아보면서 광고인의 꿈을 키웠어요. 공모전은 필수라는 소리를 들어서 관련 공모전에 많이 도전하고 있는데 수상경력이 화려하지 않아 걱정이에요. 또 공모전 경험만으로는 실무를 파악하는 데 한 계가 있어 정확히 아트디렉터의 업무 범위에 대한 감이 잘 오지 않아요. 소 문으로는 아트디렉터는 AE가 기획해 온 틀 안에서만 작업해야 한다고 하던 데 사실인지 궁금해요."

시각디자인학과 재학, 이예원(23세)

소비자는 보이는 것에 특히 민감하다. 이러한 소비자의 특성에 따라 최근 광고 트렌드가 변하고 있다. 시선을 사로잡을 수 있는 감각적인 비주얼을 선보이고 있는 것이다. 예전보다 광고의 시각적인 부분이 중요해짐에 따라 이를 총괄하는 아트디렉터의 임무가 점점 더 막중해지고 있다. 아트디렉터, AD(Art Director)는 광고에서 보이는 모든 이미지를 총괄하는 사람이다. 해당 광고의 콘셉트에 따라 어떻게 표현할 것인지를 기획하고 구성한다. 스토리나 소품은 물론 모델의 의상이나 행동, 표정까지 AD의 손을 거쳐야 한다.

... 광고의 전반적인 아이디어를 생각하는 역할

AD는 광고 표현의 전반적인 부분에 관여한다. 즉, 광고의 비주얼을 책임지는 역할을 한다. 카피라이터가 글 또는 말로 광고메시지를 전달한다면, 아트디렉터는 비주얼적인 요소를 활용하여 시각적으로 강렬한 인상을 남기는 작업을 한다. 그러나 아트디렉터라고 해서 비주얼적인 아이디어만 내서는 안 된다. AD는 비주얼 관련 아이디어는 물론, 어떠한 스토리나 콘셉트로 광고를 만들지에 대해 전반적으로 고민을 해야 한다.

가령, TV광고를 제작하게 되었다고 해보자. 이때 AD는 AE와 함께 광고주에게 효과적으로 어필할 수 있는 광고 스토리와 콘셉트를 도출하기 위한 미팅에 함께 참여한다. 그 후 광고 메시지를 이미지로 전달하기 위한 그림적인 아이디어를 구상한다. 예를 들면 소주광고를 제작한다고 하면, 어느 부분에서 모델이 등장해 춤을 추고 이때 화면은 기포로 채워진다는 식의 비주얼적인 아이디어를 생각하는 것이다. 좋은 이미지를 찾거나 직접 합성을 하거나 스케치를 하는 식으로 화면이 이렇게 구성되었으면 좋겠다는 것을 고민하고 기획자와 논의하여 협의가 되면 광고주를 설득한다. 이후 AD가 구성한 시안이 최종 채택이 되면 해당 시안으로 촬영을 시작한다. AD는 촬영되어야 할 광고이미지를 가장 잘 알고 있는 사람이므로 당연히 촬영 현장에 투입된다.

인쇄광고의 경우도 마찬가지다. 어떤 비주얼을 이용해 메시지를 전달할지 그림적인 아이디어를 떠올리고 표현방법을 생각해낸다. 예를 들어 타이포그래피를 활용해 광고를 구성할지, 혹은 사진 삽화나 일러스트로 구성할지를 생각하는 등 어떤 분위기의 비주얼을 담을 것인지에 대한 모든 것을 책임지는 것이다. 만약, 모델이 필요한 인쇄광고라면 AD는 모델이 입을 옷과 포즈 등 시각적으로 보여줄 수 있는 모든 것을 고민하고 더 좋은 아이디어를 떠올리기 위해 노력한다. 시안이 결정되면 전문 포토그래퍼를 섭외하여 콘셉트는 물론 해당 인쇄광고에서 돋보여야 할 점에 대해 전달한다. 이때 조명의 밝기나 연출되어야 하는 이미지 등 비주얼적인 모든 부분을 꼼꼼하게 챙긴다. 촬영된 컷이 나오면 문구는 어디에 어느 정도의 크기로 들어가야 하는지, 어떤 부분이 합성되어야 하는지 등을 고민하고 러프 스케치나 간단한 합성을 하여 전문업체에 의뢰하게 된다. 최종 결과물이 탄생하면 광고기획자와 논의하고 광고주에게 함께 보고한다. 이처럼 AD는 광고에서 보여지는 이미지 하나하나를 구상해야 하므로 비주얼적인 부분에 대해서는 무척 꼼꼼해야 한다.

　　AD는 본인이 생각한 비주얼적인 아이디어를 내부적으로나 외부업체 등에 전달해야 하기 때문에 업무를 할 때 포토샵과 일러스트를 가장 많이 사용한다. 그러나 AD가 작업한 합성이나 스케치 등이 최종 결과물로 나오는 것은 아니다. AD가 하는 작업들은 자신이 구상한 아이디어를 전달하기 위한 것으로 최종 결과물을 위해 필요한 부분은 해당 분야의 전문가에게 의뢰하여 작업을 진행한다.

　　일과는 유동적인 편이다. 유동적이라고 해서 재택근무를 하거나 하루 업무 시간을 정할 수 있는 것은 아니다. 대신 야근이 워낙 많다 보니 정해진 출근 시간보다 1~2시간 늦게 출근하는 경우는 있을 수 있다. AD는 외부업체와 협업할 뿐 아니라 내부적인 회의도 많기 때문에 하루에 1~2개 이상의 미팅은 꼭 잡혀있는 편이다.

··· 끊임없이 상상하라

AD는 매번 새로운 광고 이미지를 만들어야 하는 직무다. 이러한 직무 특성상 아이디어와의 싸움은 일상이다. 그렇기 때문에 상상하는 것을 싫어한다면 일하는 것이 힘들 수 있다.

　　광고 표현의 전반적인 것을 책임지는 역할이다 보니 미적 감각도 반드시 요구된다. 전문적인 스케치나 합성 능력이 요구되는 것은 아니지만 어느 정도의 스킬은 필요하다. 이미지로 표현할 수 있는 모든 부분을 알고 있어야 자신이 구상한 아이디어를 명확하게 전달할 수 있기 때문이다. 또 외주업체에 작업을 의뢰했을 때 결과물 상에서 잘못된 부분이 없는지, 수정해야 하는 부분은 무엇인지 등을 파악하기 위해서는 다방면의 지식이 요구된다. 취재 중 만난 K는 "합성이나 콘티, 영상 등 한 분야에 뛰어난 기술을 갖추고 있는 사람보다는 얕은 지식이라도 다양한 분야에 대해 알고 있는 사람이 AD라는 직무에 더 적합하다."라고 전했다.

돌발 상황에 대한 대처 능력도 필수다. 광고업계는 다른 업종에 비해 예측할 수 없는 일이 발생하는 경우가 잦다. 가령, 카드사의 광고를 제작한다고 가정해보자. 모든 과정을 거쳐 최종 시안이 확정되었는데 갑자기 카드사의 고객정보 유출 사건이 터진다면 확정된 시안으로 광고를 할 수 없게 된다. 특히, 이러한 돌발 위기상황에는 고객에게 사과하는 내용의 광고를 내보내야 하기 때문에 짧은 시간 안에 해당 내용을 담은 광고를 제작하여 각 매체에 전달해야 한다. 따라서 AD에게는 돌발상황에 대처할 수 있는 유연한 자세가 요구된다.

... 디자인 감각을 가져라

AD는 광고 표현의 모든 것을 책임져야 하므로 타고난 미적 감각을 갖추고 있어야 한다. 디자인과 관련된 다양한 지식과 프로그램을 사용할 줄 아는 능력도 필수다. 때문에 대부분의 AD는 디자인학과 출신이다. 디자인을 전공하지 않더라도 AD로 취업에 성공하는 이들도 있지만 이러한 경우는 극히 드물다. 또한 전공자가 아니라 할지라도 별도의 공부를 통해 디자인에 대한 지식을 쌓고 온 이들이 대부분이다.

AD를 준비하는 이들에게 공모전이 필수는 아니지만 대학 시절에 공모전 등 다양한 대외활동을 통해 자신의 포트폴리오를 만들어 두는 것이 좋다. 포트폴리오를 만들 경우 공모전에 도전했거나 수상한 작품이 아니더라도 스스로 제작한 광고나 아이디어를 함께 구성하는 것도 방법이다.

대외활동 중 실무를 가까이 접할 수 있는 가장 좋은 방법은 '인턴' 경험이다. 다양한 공모전 경험이 있다고 하더라도 실무를 경험해보지 않으면 업무 분위기를 파악하기 힘들다. 최근 채용시장에서는 단 하루의 면접으로 인재를 채용하는 비율이 줄어드는 추세다. 부푼 꿈을 안고 입사를 해도 높은 업무 강도를 이기지 못해 금방 퇴사하는 경우가 비일비재하기 때문이다. 이러한 문제를 해결하기 위해 많은 기업들이 인턴제를 운영하고 있으며, 이 중에서 좋은 퍼포먼스를 보인 이들을 채용하고 있다. 제일기획과 이노션은 신입사원 공채와 별개로 매년 인턴 채용을 진행하고 있으며, 대홍기획은 신입직의 경우 인턴기간을 거친 후 채용하는 형식으로 진행된다. 이외에도 다른 광고대행사들 역시 인턴 경험이 있는 지원자에게 가산점을 더 많이 부여하고 있다. 그러니 AD가 되고 싶다면 공모전에 도전하는 것도 중요하지만 인턴 경험을 통해 현장감각을 익히는 것이 좋겠다.

기업마다 다르지만 AD는 크리에이티브 팀에 속한다. 보통 크리에이티브 팀에는 AD와 카피라이터, 이 두 부분을 총괄하는 크리에이티브 디렉터(CD)가 속해있다. 최근에는 AD와 카피라이터의 업무 경계가 많이 허물어져 AD가 작성한 카피가 헤드카피가 되는 경우도 많다. 따라서 AD가 디자인 부분 외에도 인문학 등 다양한 지식을 갖춘다면 보다 넓은 범위의 업무에 참여할 수 있다.

<u>**아트디렉터직 취업 핵심정보**</u>

- **필요한 자질** 포토샵과 일러스트는 필수. 감각적인 것을 볼 줄 아는 심미안, 광고 목적에 맞는 좋은 아이디어를 내기 위한 통찰력.
- **근무 여건** 야근과 주말 근무가 잦다. 때문에 일반 기업보다 출·퇴근 시간이나 업무 분위기가 자유롭다.
- **입사 방법** 해당 분야의 공모전에 도전한 것을 포트폴리오로 제작해두면 해당 직무에 꾸준한 관심을 가지고 노력했다는 것을 증명할 수 있다. 디자인 관련 전공 우대.

아트디렉터, 상상하는 것을 즐겨라

대홍기획 크리에이티브솔루션 3팀 강유리 대리

대홍기획은 롯데그룹 계열 광고대행사로 쿠쿠, 캐논코리아, 롯데백화점, 롯데월드, 잡코리아 등 다양한 기업의 광고 캠페인을 진행했다.

Q. 광고계를 선택한 이유가 있나?

A. 어릴 적에는 만화가가 되어야겠다는 생각으로 미대에 진학했다. 그런데 대학 1학년 때 영상디자인 수업에서 깐느 광고제 수상작을 접한 뒤 광고에 매력을 느끼게 됐다. 광고를 접하면서 내가 갈 수 있는 길이 더 넓다는 것을 깨달았고 광고라면 대중들에게 더욱 효과적으로 다가갈 수 있는 분야라는 생각이 들었다. 본격적으로 진로를 정한 것은 3학년 때다. 당시 레이아웃이랑 합성 등을 배우러 학원에 다닌 적이 있는데 선생님이 광고 전문 잡지를 보면 도움이 많이 될 거라고 추천해주셨다. 광고와 관련된 잡지나 자료를 접하면서 다시 한 번 광고의 길이 매혹적이란 걸 느꼈고 그때부터 광고인이 되어야겠다고 결심하게 되었다.

대홍기획 강유리 대리
강유리 대리는 디자인학부에서 시각디자인을 전공했다. 메타브랜딩 인턴을 거쳐 2010년 대홍기획 공채로 입사. 올해로 5년 차에 접어들었다. 그간 롯데칠성주류, 롯데카드, 캐논코리아, 쿠쿠전자, 딤채, 비비안, 잡코리아 등 개성 있는 광고를 선보였다.

Q. **입사 비결이 있다면 무엇이라고 생각하는가?**

A. 광고인을 꿈꾸는 학생들이 간과하고 있는 것이 바로 면접이다.
많은 지원자들이 서류전형에만 중점을 두고 있는 모습을 종종 볼
수 있는데 광고계는 면접에서 학벌이나 학점, 어학 점수 등의 '스
펙'을 뒤엎을 가능성이 아주 높다. 나의 경우 졸업 전부터 광고
공모전에 꾸준히 도전했는데 그 점이 좋게 비친 것 같다. 면접에
임할 때 회사에서 요구하지 않았지만 개인적으로 공모전에 도전
했던 작품들과 혼자 제작한 작품들을 담은 포트폴리오를 들고 갔
다. 면접 당시에는 면접관들이 '요구하지 않은 것을 왜 들고 왔느
냐'며 시큰둥한 반응을 보였지만 나중에 입사 후 들으니 내 포트
폴리오가 플러스 점수가 되었다고 했다. 광고계를 희망하는 대부
분의 사람들이 하고 싶다는 마음보다 재미있을 것 같다는 호기심
으로 문을 두드리곤 한다. 하지만 포트폴리오는 내가 단순한 호
기심으로 지원한 것이 아니라, 그동안 광고계에 입문하기 위해
많은 노력을 해왔다는 것을 증명하는 수단이 될 수 있다.

Q. **가장 기억에 남는 업무는 무엇인가?**

A. 2년 전, 에너지음료인 '핫식스' 광고에 참여한 적이 있다. 당시 팀
에서 낸 아이디어가 여러 번 거절 당해 좌절을 많이 했었다. 가장
마지막에 제출한 아이디어 중 선택된 안으로 진행했는데 그때 무
척 재미있게 업무를 진행했던 기억이 난다. 소비자 반응이 뜨거웠
을 뿐 아니라 부산 국제 광고제에서도 입선하는 영예를 안았다.
일도 재미있었지만 좋은 결과를 얻을 수 있어서 기억에 남는다.

Q. **10년 뒤의 목표나 계획을 말해달라.**

A. 10년 안에 크리에이티브 디렉터(CD)가 되는 것이 꿈이다. CD가
되고 나면 나만의 개성 있는 광고를 만들고 싶다. 또, 클라이언트
사이에서 입소문을 탄 '핫'한 CD가 되는 것이 목표다. 간혹 클라
이언트가 CD를 지명하거나, 오로지 CD만 보고 광고 회사를 바
꾸는 경우가 있다. 이처럼 많은 사람들이 원하는 CD가 되는 것
이 최종 목표다.

Q. **마지막으로 후배들에게 해주고 싶은 조언 한마디 부탁한다.**

A. 광고계의 화려한 면만 보고 지원하는 친구들이 있다. 그러나 연
예인을 많이 보고 싶다거나 독특한 삶을 즐길 수 있을 것 같다는
등의 환상을 품고 지원하지 않았으면 좋겠다. 이러한 것들은 부
수적인 부분이기 때문에 광고회사를 꿈꾸는 이유가 되어버리면
입사를 하더라도 오래 버티지 못한다. 그러니 직무에 대한 환상
보다 현실적인 부분을 보기 위해 노력하고 직무에 대한 열정을
갖고 지원했으면 좋겠다.

허를 찌르는 한 줄을 창조한다, 카피라이터

"어릴 적부터 인쇄광고에 관심이 많아 광고업계로 취업을 준비하고 있어요.
마케팅적으로 광고의 전반적인 전략을 짜는 것보다는 광고 제작에 직접 참여
하고 싶어 카피라이터로서의 꿈을 키우고 있습니다. 카피라이터가 글을 잘
써야 한다는 것은 알겠는데 그 외 어떤 역량이 필요한지 궁금해요. 또 좋은
카피를 작성하기 위해 선배들은 어디서 아이디어를 얻는지도 알고 싶어요."

국어국문학과 재학, 김재호(25세)

좋은 카피는 기업과 브랜드가 추구하는 바를 명확하게 짚어내고 사람들의 마음을 움직인다. 이처럼 제품을 표현하고 대중을 움직일 수 있는 문장과 문안을 만드는 역할을 수행하는 사람이 바로 카피라이터다. 웹툰 〈루나파크〉의 작가이자, TBWA에서 근무 중인 홍인혜 카피라이터는 카피라이터를 가리켜 "논설문을 시로 쓰는 사람"이라 표현했다. 즉, 설득하고자 하는 바를 보는 사람 또는 읽는 사람들이 받아들이기 좋도록 만드는 것이 카피라이터의 역할이다.

... 아이디어 제조기가 되라

카피라이터는 광고메시지를 효과적으로 전달하기 위한 문구를 만드는 역할을 한다. 막연한 정보나 이미지를 소비자에게 어필할 수 있도록 임팩트 있는 문구나 문안을 작성하는 일이다. 헤드카피, 방송광고 멘트, 내레이션, CM송 등 TV CF는 물론이고 각 매체별 광고에 사용되는 모든 문구나 표현을 만들어낸다.

일반적으로 카피라이터는 '글만 쓰는 직업'으로 오해하는 경우가 많은데 실제 카피라이터에게 가장 우선시 되는 일은 '아이데이션(Ideation)'이다. 다시 말해 광고기획자가 마케팅적인 관점으로 어떻게 접근해야 하는지를 알려주면 카피라이터는 이를 바탕으로 해당 광고에 맞는 아이디어를 도출해야 하는 것이다. 해당 광고에 적합한 아이디어를 도출하기 위해서는 광고의 목적이나 추구하는 방향에 대한 고민이 필요하다. 가령, 기업 PR을 목적으로 하는 광고에서는 진지한 톤의 문구를 생각한다거나 상품이라면 그보다 가벼운 광고 카피나 슬로건 등을 생각하는 것이다. 또한, 제품에 적합한 아이디어를 개발하기 위해서 소비자의 심리를 파악하는 것은 물론 제품의 인지도와 특성 등의 자료를 수집하고 공부해야 한다.

카피라이터는 아트디렉터, 크리에이티브 디렉터와 함께 제작팀 혹은 크리에이티브팀에 소속된다. 함께 아이디어를 내고 고민하는 미팅 시간이 많은 편이며 그러다 보니 아트디렉터와 카피라이터의 경계가 없다. 차이가 있다면 카피라이터는 언어적인 부분에 포커스를 맞추고, 아트디렉터는 비주얼적인 부분에 포커스를 맞춘다는 것이다.

팀 내부 회의를 통해 도출된 아이디어는 다시 기획팀과 회의를 한 후 광고주에게 보고한다. 최종 아이디어와 콘셉트가 정해지면 제작팀(크리에이티브팀)이 함께 편집실에서 편집된 영상을 보고 수정 작업을 거친다.

흔히 사람들은 한 광고당 좋은 아이디어 하나만 생각하면 된다고 여기는데 이것은 오해다. 하나의 광고가 완성되기 위해서는 수백 개의 아이디어가 뒷받침되어야 한다. 취재 중 만난 카피라이터 M은 "아이디어 회의를 할 때는 한 사람당 열 개 이상의 아이디어를 들고 가야 하는데, 보통 팀이 6명으로 구성되어 있으니 하나의 광고가 만들어지기까지 최고 60개 이상의 아이디어가 생겨나야 하는 셈이다."라고 알려 주었다.

일반적으로 카피라이터는 하나의 광고에 대한 작업을 마치고 다른 광고에 투입된다고 생각하기 쉽지만 대부분은 두, 세 개의 프로젝트를 동시에 진행해야 하므로 카피라이터에게 끊임없는 아이디어와의 싸움은 일상이라고 할 수 있다.

... 카피라이터, 생각의 생각을 뛰어넘다

카피라이터는 글에 대한 감각과 글을 올바르게 사용할 줄 아는 능력이
요구된다. 소비자의 마음을 사로 잡기 위해서는 논리적이되 쉽게 받아
들일 수 있는 문구와 슬로건 등을 생각해 내야 하기 때문이다.

좋은 아이디어와 카피를 도출하기 위해서는 충분한 자료와 지식이
뒷받침되어야 한다. 카피라이터에게 인문학이 필수처럼 여겨지는 것
도 바로 이 때문이다. 다양한 분야의 지식과 상식, 그리고 광고와 제품
에 대한 이해가 더해져야 임팩트 있는 카피를 만들어 낼 수 있다. 통찰
력 역시 카피라이터가 갖춰야 하는 중요한 역량이다. 짧은 문구나 문
안으로 소비자들의 주목과 공감을 이끌기 위해서는 인사이트를 파악
하는 것이 필수적이다. 트렌드를 파악하는 능력과 창의성도 카피라이
터가 필수로 갖춰야 하는 덕목이다. 하지만 이러한 능력이 갖춰져 있
다고 하더라도 인내심과 긍정적인 마인드가 없다면 실무를 수행하기
가 힘들다. 좋은 아이디어는 언제 어디서 나올지 모르고, 회사 내부적
으로 결정된 아이디어라고 해도 광고주의 피드백이 계속될 때마다 수
정해야 하는 경우도 있기 때문이다.

광고업에 해당하는 대부분 직무들의 업무 강도가 높듯 카피라이터
역시 마찬가지다. 앞서 언급한 것처럼 임팩트 있는 카피를 쓰기 위해
서는 수많은 자료를 조사해야 하고, 광고 콘셉트를 이해할 줄 알아야
하며 아이디어 회의 및 다른 팀과의 협업도 필수다. 이렇게 많은 일을

해내야 하기 때문에 야근과 밤샘작업도 잦으므로 여기에서 오는 업무 스트레스를 즐길 줄 알면 일이 재미있게 다가오지만 스트레스를 견디지 못한다면 일 년 이상 업무를 하기에도 벅차다. 따라서 카피라이터에게는 업무 스트레스를 즐길 줄 아는 긍정적인 마인드와 인내심이 필요하다.

… 인문학 공부와 함께 체력 증진에 힘쓰자

인쇄광고가 약세를 띠면서 혹자는 카피라이터의 역할이 줄지 않았느냐는 물음을 던지기도 한다. 하지만 모든 광고에는 언어가 반드시 포함된다. TV CF는 물론, 배너 광고, 모바일 광고까지 문구가 포함되지 않는 광고는 없으며, 이미지 없이 카피만으로 광고를 진행하기도 한다. 때문에 카피라이터가 하는 일이 줄어들었다고 볼 수 없다. 하지만 광고업에 해당하는 직무 전체를 놓고 봤을 때 카피라이터로 지원하는 이들의 비율은 줄어드는 추세다. 이에 A에서는 직무의 균형을 맞추기 위해 제작팀 인턴 채용인원을 AD와 카피라이터를 1 대 4 비율로 진행했다(2014년 하반기 기준). AD를 두 명 뽑았다면 카피라이터는 여덟 명 정도의 인원을 채용한 것이다.

카피라이터는 글을 잘 써야 한다는 생각으로 인해 어문학이나 광고 홍보학을 공부해야 한다고 생각하기 쉽다. 하지만 카피라이터직은 특별히 선호하는 전공이 없으므로 전공을 불문하고 누구나 도전할 수 있는 직무다. 단, 소비자를 설득시킬 만한 카피를 뽑아내야 하기 때문에 글에 대한 감각과 논리력은 필수로 갖추고 있어야 한다. 이를 위해서는 장르를 불문하고 책이나 신문, 잡지 등 다방면의 글을 자주, 많이 접하는 것이 도움이 된다. 다방면의 지식이 필요한 카피라이터에게 인문학은 당연히 요구되는 학문이기에 평소 공부해두는 것이 좋겠다. 또한 카피라이터는 아이디어 회의가 한 번 시작되면 5~6시간의 장시간 동안 진행되는 경우도 많고, 밤새 회의를 하는 경우도 있기 때문에 집중력과 체력을 길러두는 것이 좋다.

카피라이터직 취업 핵심정보

- **필요한 자질** 전하고자 하는 메시지를 논리적이되 친근한 글로 작성할 수 있는 능력, 통찰력과 업무 스트레스를 즐길 수 있는 긍정적인 마인드.
- **근무 여건** 여느 광고 분야 직무와 같이 야근과 밤샘 작업이 많다. 대기업 계열사의 광고기획사들은 대우도 좋고 월급도 많이 주는 편이다.
- **입사 방법** 선배들이 입을 모아 추천하는 것은 바로 인턴십 프로그램에 참여하는 것이다. 작은 곳에서라도 실무 경험을 해보면 나와 맞는 직무인지를 파악할 수 있다.

타인의 말을 경청하는 사람이 되자

이노션월드와이드 문성훈 대리

현대자동차그룹 광고대행사인 이노션월드와이드는 창의적인 아이디어와 과감함이 녹아있는 광고를 선보이는 것으로 유명하다. KT, 하이트진로, 불스원, 대웅제약 등의 광고를 제작했다.

Q. 이노션월드와이드 인턴을 거쳐 공채로 취업에 성공했다. 비결이 있다면 알려달라.

A. 인턴을 지원할 때는 자기소개서를 재미있게 작성하려고 노력했는데 그 점이 플러스 점수가 된 것 같다. 다른 광고대행사도 마찬가지겠지만, 특히 이노션은 지원자의 자기소개서를 유심히 살피는 편이다. 스펙에는 지원자의 생각이 담겨있지 않지만 자기소개서에는 지원자가 어떤 생각을 하고 있는지 알 수 있기 때문이다. 공채로 입사할 수 있었던 이유는 아무래도 인턴 경험이 가장 큰 것 같다. 인턴 경험은 입사 시에도 플러스 점수가 됐지만, 개인적으로도 이를 통해 카피라이터란 직무가 재미있고 나와 잘 맞는 일이라는 것을 알게 됐다.

이노션월드와이드 문성훈 대리
영문학을 전공하고 영상대학원
에 진학한 문성훈 대리는 이노션
월드와이드 인턴을 거쳐, 공채로
입사한 지 올해로 7년 차가 됐
다. 그동안 현대기아차 레이, K9
등 론칭 광고에 참여했다. 최근
에는 현대해상, 코웨이, 요기요
등의 광고를 맡았다.

Q. 업무 철학이 있다면 무엇인가?

A. 타인의 말을 경청하는 사람이 되고자 노력하고 있다. 특히 아이데이션을 할 때 타인의 말을 잘 듣지 않으면 좋은 광고가 나오기 힘든 것 같다. 예전에 우리 팀이 자동차 광고를 맡은 적이 있다. 그때 CD님이 자동차 대리점을 돌면서 판매직원들을 인터뷰하더라. 소비자와 제품을 매일 접하는 사람들의 생각을 듣기 위해서였다. 그때 타인의 말을 잘 들어야 좋은 광고를 할 수 있다는 것을 깨달았다. 광고를 잘하는 사람들의 특징이 남의 말을 경청하고 그 내용을 광고적으로 곱씹는 것이더라.

Q. 인사이트는 어디에서 찾는 편인가?

A. 프로젝트 성격마다 다른 것 같다. 나의 경우 대학 시절 학생기자를 하며 다양한 경험을 쌓았는데 그때의 경험들이 인사이트를 찾는 데 많은 도움이 되는 것 같다. 여러 분야의 책을 많이 읽는 것도 좋지만 개인적으로는 책보다 영화를 자주 보는 편이다. 학창 시절부터 영화를 보고 친구들이랑 토론하는 것을 좋아했다. 그리고 토론을 한 내용과 내 생각들을 블로그에 올리는 등 글로 정리하는 습관을 들였는데 이러한 습관도 인사이트를 찾는 데 많은 도움이 됐다.

Q. 카피라이터를 꿈꾸는 친구들에게 조언 한마디 부탁한다.

A. 지금 현업에 있는 다른 선배들도 많이 들려준 이야기겠지만 광고에 대한 환상을 품고 오는 것은 위험하다. 적지 않은 학생들이 광

고계는 옷을 자유롭게 입고, 멋진 곳에서 밥을 먹고, 트렌디한 것을 빨리 접하는 등 좋은 면만 보려는 경향이 있는 것 같다. 사실 옷을 자유롭게 입는 것은 편하게 입고 다니지 않으면 할 수 없는 일이기 때문이고, 트렌드를 빨리 파악하는 것도 업무 영역으로 생각했으면 좋겠다. 광고계는 밤샘과 주말근무가 잦은 등 업무 강도가 높다. 광고계의 화려한 면만 보고 막연한 환상을 가지고 오면 많은 실망을 하게 된다. 그러니 화려한 면 이외에 있는 부분도 충분히 파악하고 도전했으면 좋겠다.

'스펙 괴물'이 되려는 것은 아니겠지요?

지나치게 성형을 많이 해 오히려 얼굴이 부자연스러워 보이는 사람을 가리켜 '성형 괴물'이라고 부릅니다. 그런데 취업 준비생 중에도 그런 괴물이 있는 것을 아시나요? 기계처럼 찍어 놓은 듯 똑같은 취업 스펙을 가진 사람을 가리켜 '스펙 괴물'이라고 부릅니다.

스펙은 취업 준비생 스스로를 드러내는 얼굴입니다. 때문에 각자의 개성과 특징이 녹아 있을 때 가장 자연스러워 보이고 남들과도 차별화되는 것입니다. 성형 괴물처럼 똑같은 눈 모양, 똑같은 얼굴형을 가진 스펙은 왠지 가짜처럼 느껴집니다.

물론 스펙을 전혀 쌓지 말라는 얘기는 아닙니다. 내가 부족하게 느끼는 분야를 보강하기 위해 영어공부를 더 열심히 한다거나 자격증을 취득하는 것은 매우 바람직합니다. 하지만 남들이 하니까 나도 따라서 한다는 식으로 취업 스펙 쌓기에만 매달리면 이는 좋은 평가를 받지 못합니다. 결국 기업이 원하는 인재는 남들과 똑같은 스펙을 가진 인조인간이 아니라 각자의 개성과 능력을 갖춘 다양성을 가진 사람이기 때문입니다.

그러니 지금부터라도 본연의 나를 찾을 수 있는 것들을 경험해 보길 바랍니다. 평소 사람들과 어울리기를 좋아하고 직업도 그런 쪽으로 찾고 싶다면 동아리 활동을 열심히 해보세요. 또는 봉사활동을 꾸준히 하는 것도 좋겠습니다. 새로운 것을 탐구하는 것이 자신의 성격과 잘 맞는다면 국내 무전여행을 떠나보면 어떨까요? 혹은 자신의 한계를 극복할 수 있는 철인 3종 경기 참가만으로도 개성을 뽐낼 수 있는 좋은 경험이 될 것입니다. 이는 자연스럽게 나만의 스토리를 만들 수 있는 좋은 바탕이 됩니다.

이처럼 나만의 스토리가 생겼을 때 비로소 나를 가장 잘 나타내 줄 수 있는 스펙을 쌓을 수 있고 기업이 찾는 개성과 잠재력을 가진 인재가 될 수 있습니다. 스토리는 도서관 책상에서 결코 생겨나지 않습니다. 취업 선배들이 항상 조언하는 그것, 다양한 경험을 쌓으시기 바랍니다.

능력을 중시하는 광고 홍보직 취업을 위해 알아야 할 것들

광고 및 홍보직은 이직이 매우 활발한 직무 중 하나다. 능력에 따라 좀 더 좋은 조건의 회사로 옮기는 것이 자연스러운 일이며 이직이 곧 자신의 능력을 입증하는 방법이기도 하다.

이러한 직무 특성 때문에 광고와 홍보 분야 선배들은 '첫 직장'이 중요하지 않다고 말한다. 규모가 작고 인지도가 낮은 중소기업이라 할지라도 그곳에서 착실히 실무를 익히고 경험을 쌓으면 처음 직장보다 조금 더 큰 회사, 더 배울 것이 많은 회사로의 이직이 가능하기 때문이다. 즉, 광고와 홍보 분야에서는 첫째도 능력, 둘째도 능력이다.

그렇다면 이처럼 능력을 중시하는 광고와 홍보 직무로 취업하기 위해서는 어떤 점을 어필해야 할까? 이를 알아보기 위해 현재 광고대행사와 기업 홍보팀, 그리고 홍보대행사에서 근무 중인 직장인들을 대상으로 △뽑고 싶은 신입사원 유형과 △기업별로 선호하는 인재상을 조사했다. 해당 조사 내용을 통해 취업 준비생들은 광고 홍보직에 적합한 인재가 되기 위해 어떤 점을 노력해야 할지 파악할 수 있을 것이다.

또한 취업 준비에 더욱 실질적인 정보를 제공하고자 △광고 홍보직 선배들이 취업 준비 당시 보유했던 실제 스펙과 △자기소개서에서 강조해야 할 내용 △면접 시 주의해야 할 점 △취업 시 가산점을 받을 수 있는 공모전 도전 노하우 △광고 홍보 분야와 관련된 각종 대외활동 등의 정보들을 취합해 수록했다.

이 외에도 △예비 광고 및 홍보인이 알아두면 좋을 실무 관련 정보와 △업계용어도 수록했다. 이는 당장의 취업을 위해 필요한 정보가 아니라 생각할 수도 있지만 미리 익혀둔다면 인턴사원 그리고 신입사원으로 일할 때 큰 도움이 될 것이다.

03

광고 홍보 실무자가 되기 위한 모든 것

선호하는 인재상 키워드, '인간미'와 '친화력'

기업이 속한 업종, 직무의 특성에 따라 선호하는 인재상이 달라진다. 취업 준비에 앞서 합격률을 높이고 싶다면 내가 지원하고자 하는 기업이 그리고 광고, 홍보 분야에서 뽑고 싶어하는 인재 유형이 무엇인지부터 살펴보아야 할 것이다.

이를 알아보기 위해 잡코리아 좋은일 연구소는 광고 및 홍보대행사, 그리고 각 기업에서 현재 광고와 홍보 업무를 담당하는 직장인들을 대상으로 〈광고 홍보직에 적합한 인재 유형 및 선호 인재상〉에 대한 조사를 실시했다. 그 결과 광고 분야에서는 '정이 많고 인간미 넘치는 사람', 홍보 분야에서는 '싹싹하고 눈치 빠른 사람'을 선호하는 것으로 조사됐다.

광고 홍보직에서 선호하는 인재 유형을 광고와 홍보 분야로 나눈 후, 다시 인하우스(기업)과 대행사로 구분해 살펴봤다. 그 결과 직무 종류와 기업의 유형에 따라 선호하는 인재유형이 다른 것을 확인할 수 있었다.

먼저, 광고 분야에서는 '정이 많고 인간미 넘치는 사람'에 대한 선호도가 높은 것으로 나타났다. 이는 한 편의 광고물을 만들기 위해 조직이 함께 움직이고 협업해야 하는 업무의 특성상 서로를 배려하고 위하는 가족 같은 분위기가 필요하기 때문으로 보인다.

한편, 홍보 분야에서는 '싹싹하고 친화적인', '눈치가 빠른 사람'을 선호한다는 의견이 상대적으로 높았다. 이러한 결과는 기자들과 만나 우호적인 관계를 유지해야 하는 홍보 업무의 특성이 반영된 것으로 풀이된다.

광고와 홍보 분야 실무자들이 근무하는 기업의 유형에 따른 선호 인재상 역시 달랐다. 광고와 홍보 일을 전문으로 대행하는 기획사 및 대행사에서는 '열심히 보고 배우려는 인재'를 선호한다는 의견이 상대적으로 높았는데, 이는 홍보대행사의 경우 어느 한 직원의 사소한 실수가 거래기업과의 계약 중단으로 이어질 수도 있기 때문에 상대적으로 실수에 관대하지 못한 것으로 보인다. 반면, 일반 기업 홍보팀 또는 마케팅팀(광고 실무자가 포함된 조직)에서는 '성실하고 책임감 있는 사람'을 선호한다는 의견이 압도적으로 높았다.

업무 능력 면에서는 'MS오피스 활용 능력이 뛰어난 사람'을 뽑고 싶다는 면접관이 36.0%로 가장 많았다. 광고 홍보 직장인들의 경우 기획서나 보도자료 작성 등의 문서작성 업무가 많다. 특히 대행사에 근무하는 AE들은 프레젠테이션 등을 통해 보여지는 자료를 만드는 업무가 상대적으로 많아 MS오피스 실력은 기본이고 파워포인트나 프레지, 키노트 등의 다양한 프레젠테이션 프로그램 실력자를 선호하는 경향이 있다.

... 대학 전공보다는 대외활동 경험이 더 중요

선호하는 인재 유형에 대한 파악이 끝났다면 이제 취업을 위해 갖춰야 할 기본 스펙에 대해 알아볼 차례다. 이를 알아보기 위해 현재 광고, 홍보 분야에서 근무하고 있는 직장인들이 취업 당시 보유하고 있던 스펙을 조사해봤다.

먼저, 광고와 홍보 분야에서 근무중인 직장인들의 전공을 살펴본 결과 ▲경영·경제 등 경상계열(24.1%) ▲신문방송·광고홍보 등 사회과학 계열(21.3%) ▲디자인·음악 등 예술계열(21.2%) 전공자가 비슷한 비율로 섞여 있었다. 즉, 광고 홍보 분야에서는 신입사원 채용 시 전공을 중요한 평가 기준으로 고려하지 않는 것을 확인할 수 있었다. 광고 홍보 분야로 취업한 선배들의 평균 학점 및 영어 점수는 각 3.7점(4.5점 만점 기준), 750점(토익 기준)인 것으로 집계됐다. 타 직무에 비해 아주 높은 학점과 영어 점수는 아닌 셈이다.

그렇다면 광고 홍보 분야에 취업하기 위해서는 어떤 스펙을 중점적으로 준비해야 할까? 조사 결과, 다양한 대외활동 그리고 직무와 관련한 포트폴리오 제작이 취업에 도움이 되는 것으로 밝혀졌다. 현재 광고 홍보 분야 실무자로 일하고 있는 사람 중 ▲대학재학 시절 광고 홍보 분야의 공모전에 도전해 본 경험이 있는 사람은 약 47%인 것으로 나타났고 ▲기업에서 주최하는 대외활동에 참여해본 유경험자는 61.8% ▲취업을 위해 포트폴리오를 제작해봤다는 사람도 68.8%로 조사됐기 때문이다.

한편, 광고 홍보 분야는 타 직무에 비해 여성들의 진출이 꽤 활발한 것으로 파악됐다. 현재 광고 및 홍보 조직의 구성원을 살펴봤더니 한 팀 당 약 8명이 근무하고 있었고, 그 중 남성이 약 55%, 여성이 45%로 조사되어 남성과 여성이 거의 동일한 비율로 한 팀에서 근무하고 있음을 알 수 있었다.

... 성실하고 꼼꼼한 사람이 광고와 홍보 일에 적합

홍보와 광고 분야에는 어떤 신입사원이 적합할까? 이를 알아보기 위해 '만일 팀에 신입사원이 들어온다면 어떤 사람이 좋겠는가?'라는 질문(*복수응답)을 해 봤다. 그러자 ▲성실하고 꼼꼼해서 주어진 일을 잘 처리하는 사람(52.6%)이란 의견이 가장 높았다. 이는 광고와 홍보 분야가 워낙 일이 많다 보니 일일이 신입사원을 챙기는 것이 어려우므로 시키지 않아도 스스로 일을 잘 처리할 수 있는 사람을 선호하는 것으로 풀이된다. 이 외에도 ▲적극적이고 활발해서 팀에 활기를 불어넣어 주는 사람(39.8%) ▲센스와 눈치가 뛰어나서 선배들을 잘 보필할 수 있는 사람(34.0%)을 원한다고 답했다.

반면, ▲직무 관련 지식이나 경험이 풍부해서 바로 실무에 뛰어들 수 있는 사람(14.2%)이 좋다는 의견은 극히 낮았다. 이는 광고와 홍보 분야는 학교에서 배운 이론이나 아르바이트 경험 등으로는 해당 분야의 실무를 익힐 수 없는 특성 때문이다. 즉, 취업을 위해서는 직무적 지식과 경험도 중요하겠지만 일에 대한 열정과 성실한 태도가 더 필요하다는 것이다.

선배들이 절대 반대하는 신입사원 유형(*복수응답)도 살펴봤다. 그러자 ▲공모전 수상을 여러 차례 하는 등의 경력은 화려하지만 자만심 가득한 타입(45.0%)은 질색이라는 의견이 가장 많았다. 다음으로 ▲지나치게 개인주의 성격이라 팀워크 정신이 부족한 사람(39.3%)과 ▲지각이 잦고 근태가 좋지 않은 불성실한 사람(37.7%)도 절대 사절이라고 답했다.

앞으로 광고 홍보 분야로 진출할 취업 준비생들이 미리 준비해 두면 좋을 것들이 무엇인지도 알아봤다. 그러자 만일 현재 대학에 재학 중이라면 '사회과학, 심리학, 광고 및 언론홍보 이론' 등의 수업을 들어두면 실제 업무를 진행하는 데 큰 도움이 된다고 답했다. 광고와 홍보 분야는 항상 대중들의 심리를 살펴 트렌드를 짚어내야 하는 일이기 때문에 이론적 지식을 미리 쌓아두는 것이 도움된다는 것이다.

또한, 대학 때 경험해 두면 좋을 것들로는(*복수응답) ▲다양한 사람을 많이 만나 친구가 되어보라(49.3%)는 조언을 가장 많이 했다. 그 이유는 광고와 홍보 직무는 다양한 사람들과 미팅을 하고, 이견을 조율하며, 결과물을 만들어 내야 하므로 평소 다양한 개성과 다른 분야에 속한 사람들과 어울리는 연습을 미리 할 필요가 있기 때문이다.

이 외에도 광고와 홍보 분야의 선배들은 ▲공모전(31.2%)과 인턴십(21.3%)에 참여해 봐라 ▲여행을 많이 하며 견문을 넓혀라(20.2%) ▲외국어 실력을 쌓아라(14.2%) 등의 조언을 했다.

광고 홍보 직장인 대학 전공 조사	퍼센트
경영·경제 등 경상계열	24.1%
신문방송·광고홍보 등 사회계열	21.3%
디자인·음악 등 예술계열	21.2%
국어국문·영어영문 등 인문계열	14.5%
전기전자·토목공학 등 이공계열	9.6%
기타	5.7%
물리·화학 등 자연과학계열	3.6%

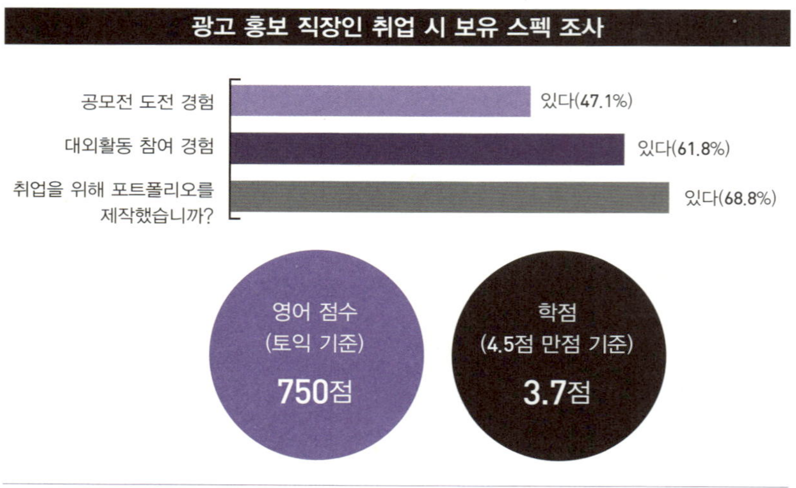

가장 뽑고 싶은 신입사원 유형은 누구입니까?	(복수응답)	응답률
성실하고 꼼꼼해 주어진 업무를 잘 처리하는 사람		52.6%
적극적이고 활발해 팀에 활력을 불어 넣는 사람		39.8%
참신하고 기발한 아이디어를 많이 내는 사람		36.5%
센스와 눈치가 뛰어나 선배들을 잘 보필하는 사람		34.0%
직무 관련 지식과 경험이 풍부해 바로 실전에 투입할 수 있는 사람		14.2%
기타		0.5%

절대 뽑고 싶지 않은 신입사원 유형은 누구입니까?	(복수응답)	응답률
화려한 경력을 가졌지만 자만심 가득한 타입		45.0%
지나치게 개인주의적이라 팀워크 정신이 부족한 타입		39.3%
매일 지각하는 성실하지 못한 타입		37.7%
끈기가 부족한 타입		28.6%
도전정신이 부족해 늘 하던 것만 하려는 타입		20.5%
특별히 없다		1.5%
기타		0.5%

광고 홍보업계로 진출하려는 후배에게 권하고 싶은 것은 무엇입니까?	(복수응답)	응답률
다양한 사람을 많이 만나 친구가 되어보라		49.3%
공모전에 참여하라		31.2%
인턴십에 참여하라		21.3%
여행을 하라		20.2%
외국어 실력을 쌓아라		14.2%
SNS 활동을 활발히 하라		12.1%
동아리 활동을 활발히 하라		11.9%
해외에 체류하며 경험을 쌓아라		8.9%
특기를 만들어라		6.8%
공부를 열심히 하라		3.0%
연애를 하라		2.0%
기타		0.2%

출처_ 광고 홍보 분야 취업 스펙 설문조사(잡코리아 좋은일 연구소, 2013~2014년)

광고 홍보직 취업시장 트렌드는?

코바코와 신한금융투자에 따르면 2013년도의 국내 광고 시장규모는 전년대비 5.5% 증가한 10.7조 원을 기록했다. 특히 온라인, 모바일, CATV 등의 뉴미디어 매체 영향력 증가로 인해 2013년 국내 모바일 광고 시장은 4,160억 원에 달했고, 2014년에는 6,197억 원에 이를 전망이다. 이러한 경향은 PR업계도 마찬가지다. PR활동에서 여전히 언론을 대상으로 한 퍼블리시티(광고주가 누구인지 모르게 하는 PR 방법)의 중요성이 크지만, 퍼블리시티만 잘한다고 해서 살아남기는 힘든 환경이 된 셈이다. 특히, 쌍방향 소통이 중요해지면서 SNS를 통한 PR활동의 비중도 점차 늘어나고 있다.

광고 홍보직의 채용은 일반적으로 그때그때 수시로 진행되는 경우가 대부분이다. 보통 자사 홈페이지의 채용페이지를 통해 온라인 입사지원시스템을 만들어놓고 인력이 필요할 때 우선적으로 채용 여부를 검토하기 때문에 입사지원하고 싶은 기업들을 미리 리스트업 해두고 자주 방문하며 채용일정을 체크하는 것이 중요하다. 규모가 조금 작은 기업들은 취업포털 사이트를 통해서 수시로 채용공고를 올리기 때문에 관심기업으로 등록해두고 관리하는 것이 좋다.

광고 홍보 직무가 많은 대표적인 업종은 손으로 꼽아서 말하기는 어렵다. 다만 기업의 이미지를 중요시 생각하는 대기업과 같이 규모가 어느 정도 되는 기업은 광고 및 홍보를 담당하는 부서가 독립적으로 운영되기 때문에 채용이 더 많이 이루어진다. 이외에 소비재를 생산하는 기업 같은 경우 일반 개인고객이 대상이다 보니 자사의 브랜드와 제품, 또는 서비스를 홍보하기 위해 홍보부서가 중요한 역할을 한다. 중소기업이나 외국계기업들은 주로 광고·홍보대행사를 이용하는 경우가 대부분이기 때문에 이들 분야의 채용도 많다. 따라서 이들 대행사에서 먼저 업무 경험을 쌓고 대기업 홍보 직무에 경력자로 이직하는 것도 고려해볼 만하다.

실제, 2013년 한 해 동안 잡코리아에 등록된 광고 홍보직 채용정보 96,800건을 분석한 결과를 살펴 보면, 신입보다는 경력직 채용의 비중이 높았으며 광고직의 경우는 주로 ▲광고·홍보·전시업종(35.3%)에서의 채용 수요가 압도적으로 높았다. 이 외에 ▲쇼핑몰·오픈마켓·소셜커머스(8.3%) ▲포털·콘텐츠·커뮤니티(6.6%) ▲교육·유학·학원(5.5%) ▲백화점·유통·도소매(4.3%) ▲웹에이전시(3.8%) 등의 업종에서 광고직 채용이 많았다.

홍보직 역시 ▲광고·홍보·전시업종(21.1%)에서의 채용이 가장 활발했고 이 외에 ▲금융권(11.4%) ▲백화점·유통(6.7%) 등의 업종에서 채용 수요가 많았다.

반면, 실제 광고직 취업을 준비하고 있는 구직자들은 ▲광고·홍보·전시업종(28.4%) 외에 ▲문화·공연(5.6%) ▲호텔·여행·항공(5.1%) ▲방송·영상(4.4%) 등의 업종에 취업을 희망하고 있었으며 홍보직의 경우도 비슷했다.

광고 홍보직 채용 비중 높은 업종 Top 10				
순위	광고직	비율	홍보, PR직	비율
1	광고·홍보·전시	35.3%	광고·홍보·전시	21.1%
2	쇼핑몰·오픈마켓·소셜커머스	8.3%	은행·보험·증권·카드	11.4%
3	포털·콘텐츠·커뮤니티	6.6%	백화점·유통·도소매	6.7%
4	교육·유학·학원	5.5%	교육·유학·학원	5.0%
5	백화점·유통·도소매	4.3%	학습지·방문교육	4.1%
6	웹에이전시	3.8%	포털·콘텐츠·커뮤니티	2.1%
7	의료·보건·복지	2.5%	모바일·무선	1.8%
8	음식료·외식·프랜차이즈	1.9%	호텔·여행·항공	1.8%
9	소프트웨어·솔루션·ASP	1.9%	건설·시공·토목·조경	1.6%
10	호텔·여행·항공	1.7%	음식료·외식·프랜차이즈	1.6%

광고 홍보직 구직자 취업 희망 업종 Top 10				
순위	광고직	비율	홍보. PR직	비율
1	광고·홍보·전시	28.4%	광고·홍보·전시	17.2%
2	문화·공연·예술	5.6%	신문·잡지·인쇄·출판	8.3%
3	호텔·여행·항공	5.1%	호텔·여행·항공	5.2%
4	방송·영상·프로덕션	4.4%	공기업·공공기관·협회	5.0%
5	공기업·공공기관·협회	3.6%	문화·공연·예술	4.4%
6	컨설팅·연구·조사	3.5%	백화점·유통·도소매	3.4%
7	연예·엔터테인먼트	3.4%	기계·기계설비	3.4%
8	백화점·유통·도소매	3.4%	컨설팅·연구·조사	3.2%
9	쇼핑몰·오픈마켓·소셜커머스	3.1%	음식료·외식·프랜차이즈	3.0%
10	음식료·외식·프랜차이즈	3.0%	연예·엔터테인먼트	2.9%

출처_ 잡코리아에 등록된 광고 홍보직 채용정보 96,800건 분석

... 광고 홍보직 채용 방식

광고 홍보직 채용 역시 다른 직무의 채용과 비슷하다. 입사지원서나 이력서, 자기소개서 등의 서류심사를 거쳐 단계별 면접을 통해 채용이 이루어진다. 보통 신입사원보다는 경력자를 선호하는 편이고 광고 공모전 입상자는 별도의 가산점을 주기도 한다. 중소기업 중에서도 비교적 규모가 큰 회사들 중에는 인턴십을 통해 직무체험을 한 뒤 정식직원으로 채용하는 경우도 있다. 광고 홍보직은 혼자 하는 업무보다는 함께 협력하는 업무가 많아 팀워크와 대인관계 능력을 중요한 채용요건으로 평가하고 있으며 변화가 많은 산업 분야인 만큼 적극적이고 진취적인 성격을 선호한다.

광고 홍보직 신입사원 채용은 주로 대졸자를 위주로 채용이 이루어
진다. 대학에서 광고홍보학, 신문방송학, 경영학, 심리학, 소비자학,
사회학 등을 전공하면 광고 홍보직에 필요한 이론을 공부할 수 있어
취업 시, 그리고 취업 후 업무 진행 시에도 도움이 되는 편이다. 만일,
해당학과 전공자가 아니더라도 훗날을 위해 홍보학개론, 커뮤니케이
션학개론, 홍보기획, 기사작성법 등의 과목을 수강해 두면 도움이 될
것이다. 특히, 대학 시절 광고동아리 활동을 하거나 광고회사에서 인
턴십을 통해 실무경험을 해보는 것이 큰 도움이 되며 주요 광고회사에
서 실시하는 공모전에 응모해 입상하면 취업 시 가산점을 받을 수 있
다.

단, 광고물 제작 및 디자인을 전문으로 하는 기업에서는 고등학교
졸업이나 전문대졸 학력으로도 충분히 취업할 수 있다.

기업 광고 홍보직 채용 경력 비교		
채용 경력	광고직	홍보, PR직
신입직	14.4%	8.4%
경력직	20.4%	26.6%
무관	65.1%	64.9%

광고 홍보직 구직자 성별 비율		
성별	광고직	홍보, PR직
남자	49.6%	41.6%
여자	50.4%	58.4%

광고 홍보직 구직자 학력별 비율		
학력별	광고직	홍보 .PR직
대학원졸 이상	7.3%	7.9%
4년대졸 이상	67.7%	68.6%
2.3년 대졸 이상	19.7%	15.7%
고졸 이상	5.3%	7.8%

출처_ 잡코리아에 등록된 광고 홍보직 채용정보 96,800건 분석

… 광고 홍보직 연봉은 얼마나 될까?

일반적으로 알려진 것 처럼 광고 홍보직 역시 대기업의 연봉 수준이 중소벤처기업의 연봉에 비해 높은 편이다. 하지만 광고 홍보직은 개인의 능력에 따라 연봉 격차가 매우 크므로 중소벤처기업에 취업하더라도 업무 경력을 쌓으면서 실력을 인정받아 충분히 높은 연봉을 받을 수 있다.

먼저 중소기업의 평균 연봉을 경력 연차별로 살펴보자. 광고직 신입사원은 2,190만 원, 홍보직은 2,294만 원이 입사 첫해의 연봉인 것으로 집계됐고, 중소기업에서 경력 5년 차 대리급 정도가 되면 광고직 직장인들은 평균 3,374만 원을, 홍보직은 3,572만 원의 연봉을 받는 것으로 조사됐다. 한편, 국내 주요 광고대행사 17곳의 대리급 평균 연봉을 조사해 보면 중소기업 보다 약 580만 원 더 많은 4,217만 원을 받는 것으로 나타났다.

중소기업 광고 홍보 직군 연차별 평균 연봉 현황		
4년 대졸 연봉	광고직	홍보, PR직
신입	2,190 만 원	2,294 만 원
경력 1년차	2,589 만 원	2,761 만 원
경력 2년차	2,851 만 원	2,992 만 원
경력 3년차	3,099 만 원	3,282 만 원
경력 4년차	3,291 만 원	3,403 만 원
경력 5년차	3,374 만 원	3,572 만 원
경력 6년차	3,403 만 원	3,701 만 원
경력 7년차	3,562 만 원	3,815 만 원
경력 8년차	3,630 만 원	3,918 만 원
경력 9년차	3,784 만 원	4,003 만 원
경력 10년차	4,008 만 원	4,143만 원

출처_ 잡코리아 2013년 연봉통계 데이터 분석

주요 광고대행사 직급별 평균 연봉 현황				
기업별	대리급	과장급	차장급	부장급
㈜제일기획	5,450 만 원	6,197 만 원	7,923 만 원	13,210 만 원
㈜이노션	5,380 만 원	5,978 만 원	7,650 만 원	12,721 만 원
㈜에이치에스애드	4,544 만 원	6,092 만 원	6,454 만 원	10,628 만 원
에스케이마케팅앤컴퍼니㈜	4,956 만 원	5,525 만 원	7,592 만 원	10,954 만 원
티비더블유에이코리아㈜	3,838 만 원	6,869 만 원	6,628 만 원	12,803 만 원
㈜대홍기획	4,191 만 원	5,099 만 원	6,067 만 원	10,189 만 원
제이더블유티애드벤처㈜	3,300 만 원	5,928 만 원	7,597 만 원	10,143 만 원
㈜엠허브	3,700 만 원	4,492 만 원	5,737 만 원	10,056 만 원
㈜그레이프커뮤니케이션즈	3,964 만 원	4,499 만 원	6,573 만 원	7,309 만 원
㈜농심기획	3,830 만 원	4,568 만 원	5,587 만 원	8,587 만 원
㈜코마코	3,982 만 원	4,524 만 원	6,529 만 원	9,636 만 원
㈜웰콤퍼블리시스월드와이드	4,236 만 원	5,457 만 원	6,369 만 원	12,397 만 원
㈜한컴	4,260 만 원	4,933 만 원	7,086 만 원	8,625 만 원

㈜휘닉스커뮤니케이션즈	3,813 만 원	4,689 만 원	5,812 만 원	10,544 만 원
㈜메이트커뮤니케이션즈	5,086 만 원	6,353 만 원	8,456 만 원	10,056 만 원
㈜금강오길비	3,502 만 원	5,501 만 원	6,050 만 원	9,363 만 원
㈜오리콤	3,829 만 원	4,879 만 원	6,516 만 원	8,972 만 원

출처_ HowMoney

· 기업에 따라 직제(직급, 직위, 직책)가 상이하므로 객관적인 비교를 위해 직급별 연봉은 근속연수 및 연령을 기반으로 추정하여 계산되었음.

광고 홍보직 취업 준비 운동: 자기소개서 공략법

광고 홍보 분야 지원자의 자기소개서는 일반 직무 지원자들의 자기소개서보다 월등히 높은 수준의 글쓰기 능력이 요구된다. 작문 실력이 광고 홍보 직무역량에 매우 중요한 요소이기 때문이다. 인사담당자는 자기소개서를 통해 지원자의 작문 실력을 어느 정도 검증한다고 볼 수 있다. 만약 지원자의 자기소개서가 논리력과 설득력이 부족하고 집중도가 떨어지는 글이라면 제 아무리 좋은 스펙을 갖고 있다고 해도 결코 좋은 점수를 받을 수 없다.

또한 자기소개서를 통해 남들과 차별화시킬 수 있는 부분이 무엇이 있을지에 대한 깊이 있는 사고가 필요하다. 이유는 광고 홍보직 지원자는 누구보다 자신을 잘 PR해야 하기 때문이다. 광고 홍보 직무는 기업에 대한 대내외적인 이미지를 잘 포장하여 좋은 이미지로 만드는 일을 한다. 때문에 자신에 대한 PR이 안 되는 지원자가 어떻게 기업을 홍보하고 광고할 수 있겠는가를 생각해보면 이해하기 쉽겠다.

자기소개서를 잘 쓰고 싶다면 먼저 자신의 직업관을 생각해보고 스스로를 설득시키는 노력부터 해야 한다. 직업에 대한 자신의 비전과 목표를 분명히 세우고 열정을 자기소개서 상에서 보여줘야 하기 때문이다. 막연하게 '광고 홍보가 좋아 보여서' 식의 단순한 접근 방식은 결코 좋은 자기소개서가 될 수 없다. 누구도 감동받지 못할 것이고 설득시킬 수 없는 것이다. 직업에 대한 열정은 누구보다 스스로 잘 알 것이다. 일에 대한 열정과 노력이 더해진다면 좋은 자기소개서를 작성할 수 있을 것이다.

... 내가 갖춘 능력을 설득력 있게 어필하라

광고 홍보인에게 필요한 주요 능력 중 한 가지가 커뮤니케이션 능력이다. 하지만 여기에 함정이 있다. 광고 홍보 직무에 지원하는 구직자들이 하나같이 커뮤니케이션 능력을 어필한다는 사실이다. 그렇다면 경쟁자들과의 사이에서 나의 차별점을 가져갈 수 있는 전략은 무엇이 있을까? 그 해답은 '한 단계 돌려 말하는 센스'다.

예를 들어 "공모전을 준비하면서 저의 커뮤니케이션 능력을 최대한 발휘해 금상이라는 좋은 결과를 낳았습니다."라고 직접적으로 커뮤니케이션 능력을 어필하기 보다는 다음과 같이 표현하는 것이 좋다. "공모전 준비를 하면서 많은 어려움을 겪었습니다. 특히, 팀원들을 설득하고 결과물을 도출하는 데에 소소한 문제들이 발생했으며, 이를 해결하기 위해 늘 상대방의 의견을 묻고 경청하는 자세를 가지도록 노력했습니다. 그 결과, 공모전에서 금상이라는 값진 결과를 얻을 수 있었습니다." 이런식으로 자신의 커뮤니케이션 능력을 문제해결능력과 연관지어 하나의 스토리로 풀어나가는 것이다. 이처럼 직접적으로 직무역량 키워드를 언급하기보다는 연관되는 키워드를 잡고 이를 통해 직무역량을 어필한다면 자신의 능력을 한결 풍부하고 설득력 있게 어필할 수 있다.

커뮤니케이션 능력과 연관 지을 수 있는 부분은 문제 해결 능력이다. 위기상황이 발생했을 경우 이를 어떻게 대응하고 풀어나갈지에 대한 전략은 기본적으로 커뮤니케이션 능력이 뒷받침돼야 가능한 일이기 때문이다. 특히, 최근 많은 기업들이 자기소개서에 '지금까지 살면서 가장 곤란했던 경험, 그리고 그 문제를 해결한 방법'을 필수 작성 항목으로 넣고 있다. 만일 광고 홍보직으로 지원하는 사람이라면 특정 에피소드를 언급한 후, 당시의 어려움을 극복하기 위해 커뮤니케이션 능력을 어떻게 잘 발휘했는지 구체적으로 언급한다면 좋은 점수를 받을 수 있을 것이다.

... 인사담당자의 관심을 끌만한 에피소드를 찾아라

스토리가 스펙을 이기는 시대다. 즉, 남들이 겪지 않은 나만의 스토리와 에피소드가 있다면 이는 충분히 인사담당자의 관심을 끌 수 있다. 그렇다면 자기소개서 작성에 있어 수많은 에피소드 중 어떤 내용을 어필하는 것이 도움이 될까? 먼저 광고 홍보 직무에 필요한 역량이 무엇인지부터 파악해야 한다. 그리고 자신의 역량을 선별해 둔다. 이렇게 직무역량과 자신의 역량을 함께 놓았을 때 교집합으로 나오는 키워드를 에피소드의 소재로 가져갈 수 있다.

홍보 직무 필요역량(A)	에피소드(A∩B)	자신의 역량(B)
커뮤니케이션 글쓰기 위기관리 행사 기획 창의성 외국어 능력 성실성 …	매장 알바 공모전 수상 …	리더십(*동아리 회장) 커뮤니케이션(*매장 알바) 기획력(*공모전 수상) 팀워크(*과제) 성실성(*학점관리) 글로벌 마인드(*세계여행) 친화력(*인맥관리) …

TIP. 자기소개서 작성 Best 5

1. 논리적인 문맥 연결이 필요하다

자기소개서는 본인이 취업에 성공해야 하는 이유를 논리적으로 전개하는 과정이다. 때문에 문장과 문장의 연결, 단락의 연결에서 보다 논리적인 표현이 필요하다.

▶**나쁜 예시**: "저는 동아리 회장과 해외탐방 프로그램 참여, 공모전 수상, 다양한 아르바이트 경험을 토대로 리더십을 키웠습니다. 리더십은 업무를 하는데 큰 보탬이 되리라 자신합니다."

▷ 흔히 실수하는 부분이다. 이 예시는 가장 나쁜 예로써 단순히 경험과 주장만 있고 과정이 없다. 때문에 설득력이 떨어지는 표현이다.

▶**좋은 예시**: "제가 JK그룹 홍보팀에 지원하기 위해서 준비한 부분은 크게 세 가지를 꼽을 수 있습니다. 첫째는 동아리 회장을 하면서 키워온 리더십입니다. 특히 동아리 행사를 기획하면서 팀원들의 다양한 의견을 조율하고 부족한 예산을 적소에 편성해 동아리 구성원들과의 마찰을 최소한 줄여나갔습니다. 소소한 어려움은 제게 도전이 되었고 이를 해결하기 위해 친구들을 설득하고 구체적인 실행방안을 제시하면서 저의 진정성을 알리려고 최선의 노력을 다했습니다. 둘째는 ～"

▷ 경험에 대한 구체적인 과정들이 논리적으로 연결되면서 설득력 있는 자기소개서를 만들 수 있다.

2. 사족을 없애라

같은 말 또는 동일한 의미의 말이 중복되어 사용되면 글쓰기의 표현력이 부족하다는 인상을 주고 글을 읽는 인사담당자를 지루하게 만든다. 때문에 글쓰기에 있어서 사족에 해당하는 부분은 철저하게 제거하는 작업이 필요하다.

▶**예시**: 한번은 광고 공모전을 준비하는 제게 친구가 찾아와 같이 함께하자는 제의를 했습니다. (함께 하자고 했습니다.) 공모전 준비를 하는 데 있어 혼자서 모든 것을 감당하기란 여간 힘든 일이 아니어서 결국 친구와 함께 공모전에 참여하기로 계획을 수립했습니다. (참여했습니다.)

3. 맞춤법, 띄어쓰기에 신경 써라

사소한 실수인 것 같지만 맞춤법과 띄어쓰기는 글 작성자의 국어 실력을 보여주는 척도가 된다. 아무리 문장력과 표현력이 좋더라도 맞춤법과 띄어쓰기가 틀리면 지원자의 국어 실력을 의심할 수밖에 없다. 또한 띄어쓰기를 잘못 사용한다면 읽기와 의미 전달이 어려울 수 있기 때문에 자기소개서를 제출하기 전 맞춤법 검사기를 통해 오탈자를 반드시 체크해야 한다.

▶**예시**: 저는 팀 리더로써(리더로서) 모든 일에 책임을 다해 프로젝트에 임했습니다. 어릴 적 아버지 어깨넘어로(너머로) 보고 배운 농사일은 저의 근면성을 키울 수 있는 소중한 경험이었습니다.

4. 자기 PR은 과장되지 않게 해야 한다

자기 PR에 적극적일 필요가 있다. 하지만 뜬구름 잡는 식의 과장된 주장만을 한다거나 단순 서술만 하게 된다면 주장만 있고 근거가 부족해 설득력이 떨어지는 글이 될 수 있다. 특히 없는 말을 지어내는 우는 범하지 말아야 한다.

▶**예시:** "편의점에서 아르바이트 할 때도 저는 늘 주인의식을 갖고 일을 했습니다. 판매가 부진한 상품을 찾아 고객들을 대상으로 그 이유가 무엇인지 알아내기 위해 직접 설문을 해보았고, 설문을 통해 알게 된 고객의 니즈와 문제점을 분석해 사장님께 새로운 대안을 제시했습니다. 그 결과 매출액이 30% 증가했고 그 달 보너스를 받을 수 있었습니다."

▷ 보통 많이 하는 실수 중 하나가 자기 자랑만 있고 자신의 부족한 점에 대해서는 전혀 어필하는 부분이 없다는 것이다. 너도나도 모두가 자기 잘났다고 말하고 있는 자소서를 읽는 인사담당자는 신물이 날지도 모른다. 때문에 자신의 장점만을 어필하기 보다는 단점도 함께 보여주면서 자신의 솔직한 모습을 보여주는 전략이 필요하다. 또한 매출액이 00% 증가했다는 등의 표현은 신뢰성이 떨어질 수 있다. 이유는 아르바이트 학생에게 '이달의 매출액은 얼마고, 영업이익은 얼마야'라고 시시콜콜 설명해주는 사장님은 없기 때문이다. 보통 취업 준비생들이 가장 많이 예시로 드는 것이 '매출액 30% 증가'다. 50% 증가는 많아 보이고, 10% 증가는 적어 보이기 때문에 대략 30%라고 말하는 경우가 많다. 하지만 직장인들은 숫자에 매우 민감하며 또한 아주 잘 알고 있기도 하다. 숫자를 언급할 때는 아주 정확한 데이터, 그리고 사실만을 적도록 하자.

5. 경험을 구체적으로 표현해야 한다

'저는 몇 남 몇 녀의 몇째로 태어나서'라는 문구는 절대적으로 피해야 한다. 천편일률적으로 누구나 사용하는 문구여서 눈에 띌 수가 없기 때문이다. 평범한 내용보다는 어려움을 극복한 사례를 들어 기술하는 등 구체적으로 표현하는 것이 중요하다. 그러나 본인이 다양한 경험을 해봤다고 해서 이것저것 일관성 없는 경력을 소개하다 보면 오히려 군더더기가 많고 산만한 자기소개서로 보여 지기 때문에 꼭 필요한 내용만 적고 불필요한 경력은 과감하게 삭제해 한 분야의 '핵심역량'을 갖춘 인재로 돋보일 수 있도록 해야 한다.

▶**예시:** "인턴활동을 하면서 고객의 불만사항을 개선하기 위해 SNS 서비스를 적극 활용했습니다. 불만사항은 매월 줄었으며…"라고 말하는 것이 "저는 열정을 갖고 일에 임하는 사람입니다."라고 말하는 것보다 훨씬 좋은 표현이다.

... 현대건설 홍보실 대외언론홍보직 합격 자기소개서

Ⅰ. 성장 과정(500자 이하)

"독서의 생활화와 부지런한 생활습관으로 건강한 몸과 마음을 지닌 사람으로 성장하였습니다."

부모님께서는 항상 독서를 생활화하여 마음의 양식을 쌓아 현명한 사람이 되라고 말씀하셨습니다. 때문에 도서구매에 있어서 아낌없는 지원을 해주셨고 저희 삼 형제는 남들보다 훨씬 많은 독서량을 자랑하며 또래 친구들 사이에 독서왕이라는 별명을 듣고 자랐습니다. 이처럼 항상 책을 손에서 놓지 않는 습관으로 인해 생각이 깊고 이해심 많은 사람으로 성장하게 되었습니다. 또한 언제나 아침 일찍 일어나 약수터에 다녀오시는 일을 수십 년째 하루도 거르지 않고 생활화하신 부모님을 보며 부지런한 생활로 인해 시간을 알차게 사용하는 법을 배웠습니다. 이로 인해 저 또한 아침 시간을 쓸모 있게 활용하기 위해 새벽에 일어나 어학 테이프를 들으며 조깅을 하는 습관을 익혔고, 현재 건강하고 부지런한 생활을 하게 된 원천이 되었습니다.

_작성 447자

Ⅱ. 성격 및 생활신조(500자 이하)

"밝고 긍정적인 사고방식을 가지고 진실한 마음으로 사람을 대하는 원만한 성격의 소유자입니다."

워낙 낙천적인 성격 탓에 어떤 일이 닥치면 항상 긍정적으로 생각하여 최선의 방법을 찾아내는 것이 장점입니다. 또한 생각이 깊고 이해심이 많아 친구들의 고민 상담을 해주며 진실한 마음으로 사람을 대하는 원만한 성격을 지니고 있습니다. 더불어 주어진 일에 책임감을 가지고 일하여 만족스러운 결과를 얻어내는 강한 의지를 소유하고 있습니다. 이러한 저의 장점들은 입사하여서도 긍정적인 면으로 작용하여 회사에 최선의 결과를 얻을 수 있도록 노력하는 인재가 될 것이라 확신합니다.
"성공은 능력보다 열정에 의해서 좌우된다. 승리자는 자신의 일에 몸과 영혼을 다 바친 사람이다."
이와 같은 격언을 좌우명으로 삼아 모든 일에 최선의 노력을 다하여 결과보다는 과정을 중요하게 생각하며 실패를 두려워하지 않는 자신감을 키우려 노력하고 있습니다.

_작성 463자

"국내 최고의 건설회사인 현대건설의 홍보업무에 능력을 발휘하겠습니다."

현대건설은 국가 기간산업 건설의 견인차로서 국가 경제 발전에 기여해 왔으며, 앞선 기술력과 진취적인 도전정신으로 해외에 진출해 수많은 공사를 수행하며 건설 한국의 위상을 드높여온 국내 최고의 건설회사입니다. 또한 인적자원의 가치를 최우선으로 하고 있는 귀사의 홍보실에서 대언론 홍보담당 업무를 하게 된다면 저에게 무한한 영광일 것입니다. 특히 ○○대학교 광고홍보학과를 졸업한 후 ○○기업 홍보실에서 2년간 근무하며 기업의 홍보가 얼마나 중요한 일임을 깨달았고, 만족스러운 홍보로 인해 좋은 결과를 얻었을 때의 보람은 이루 말할 수 없었습니다. 그로 인해 더욱 열심히 근무하며 적극적으로 자기 계발을 하여 업무에 대한 자긍심을 높였던 좋은 경험을 얻을 수 있었습니다.
이와 같이 당시 홍보실에서 근무하며 익힌 실무능력은 대학 시절 습득한 전공지식과 함께 귀사의 대외 홍보업무에 분명 도움이 될 것이라 확신합니다.

_작성 491자

"현대건설에서 미래를 향한 도전과 성장을 함께할 것이라 약속드립니다."

핵심 경쟁력을 가진 글로벌 선도 건설기업인 현대건설에서 미래경영환경에 빠르게 대응하기 위한 인재로 성장하기 위해서 그동안 갈고닦은 지식과 경험을 바탕으로 대외 홍보업무의 중요한 위치를 차지하고 싶습니다. 나아가 긍정적인 사고로 미래에 대비하는 창조적인 사고와 지혜를 갖춘 발전적인 인재로 성장하기 위해 불굴의 의지와 적극적인 자세로 21세기의 밝은 미래를 개척해 나가는 진취적 인재가 될 것임을 약속드립니다. 또한 앞선 기술과 뛰어난 품질을 자랑하는 현대건설에서 강인한 정신과 추진력을 더욱 배양하고 체질화하여 나날이 발전하는 글로벌세계에 중추적 역할을 할 수 있도록 노력하는 사원이 되겠습니다.
저에게 입사의 기회를 주신다면 대한민국 최고의 건설기업인 귀사와 함께 밝은 미래를 설계해 나가고 싶습니다.

_작성 436자

인사담당자, 면접 온 지원자에게 '누구세요?'

이력서 사진은 인사담당자에게 지원자의 첫 인상이 되는 만큼 취업 준비의 중요한 일부분이다. 따라서 취업 준비생들은 이력서 사진을 어떻게 찍어야 할지 고민하며 이를 통해 인사담당자에게 좀더 좋은 인상을 심어줄 수 있도록 노력한다. 하지만 자칫 좋은 인상(?)만을 위한 과한 사진 보정으로 인해 기업의 인사담당자들 2명 중 1명은 면접을 보러 온 지원자를 알아보지 못한 경험이 있다고 한다. 좋은 인상을 보여주고자 노력한 것이 오히려 역효과를 부른 셈이다.

이력서 사진은 보정 하지 않은 것이 좋아!

잡코리아 좋은일 연구소는 국내기업 인사담당자 523명을 대상으로 〈이력서에 적합한 사진〉에 대한 조사를 실시했다. 그 결과, 대부분의 인사담당자(97.9%)가 '면접을 보러 온 지원자의 실제 얼굴과 이력서 사진의 모습이 달라 당황했던 경험이 있다'고 답했다. 그 중 '누구인지 알아보기는 했으나 조금 달랐다(49.9%)'는 답변도 있었지만, '누구인지 못 알아봤다(48.0%)'는 답변도 절반에 가까웠다. 많은 인사담당자들이 사진과 사뭇 다른 지원자의 실제 모습에 당황하고 있음을 알 수 있었다. 그 때문인지 실제 대기업 인사담당자 10명 중 5명은 '사진 보정을 전혀 하지 않은 사진'이 이력서 사진에 적합하다고 답했다.

대기업 인사담당자들은 사진 보정을 하지 않은 것이 좋다고 답했지만, 나머지 인사담당자(외국계, 공기업, 중소기업 등)들은 '피부 보정(50.1%)' 정도가 가장 적합하다고 답했다. 다음으로 사진 보정을 하지 않은 '실제 얼굴'이 적합하다는 의견이 28.5%로 많았다.

'표정'이 승패를 가른다

이력서 사진에서 지원자의 인상을 좌우하는 요인은 무엇일까? 조사결과(*복수응답) 인사담당자들은 '표정(50.7%)'으로 지원자의 인상을 확인한다고 답했다. 다음으로 헤어스타일(35.9%)과 바른 자세(30.2%) 순이었다. 하지만 이는 기업형태에 따라 다소 차이를 보였는데, 대기업 인사담당자들은 '표정' 다음으로 '바른 자세(33.3%)'가 지원자의 인상에 영향을 미친다고 답한 반면 중소기업 인사담당자들은 표정 다음으로 '헤어스타일(35.0%)'이 영향을 준다고 답했다.

그렇다면 이력서 사진에 가장 적합한 표정은 어떤 표정일까? 좋은일 연구소는 ▲무표정 ▲자연스러운 미소 ▲치아가 보이는 작은 웃음 ▲치아가 보이는 큰 웃음 네 가지로 구분해 가장 적합하다고 생각되는 표정을 조사했다. 그 결과, 과반수에 가까운 인사담당자가(49.9%)가 ▲치아가 보이는 작은 웃음을 가장 적합한 표정으로 꼽았다. 다음으로 ▲입은 다물고 자연스럽게 미소 짓는 표정(35.4%)이 적합하다는 의견이 높았다. 하지만 대기업 인사담당자들의 의견은 달랐다. 이들은 ▲입을 다물고 자연스럽게 미소 짓는 표정이 적합하다는 의견이 37.3%로 작은 미소(33.3%)보다 조금 높았다. ▲무표정이 적합하다는 의견은 전체 응답자 중 5.2%에 불과했다.

면접을 보러 온 지원자의 실제 얼굴이 이력서 사진과 달랐던 경험이 있습니까?					
항목	공기업	대기업	외국계기업	중소기업	전체
있다, 못 알아봤다(매우 다름)	34.0%	45.3%	49.2%	50.3%	48.0%
있다, 알아 봤으나 달랐다(조금 다름)	61.7%	54.7%	50.8%	47.1%	49.9%
없다	4.3%	0.0%	0.0%	2.6%	2.1%

이력서 사진에서 지원자의 인상을 좌우하는 요인은 무엇입니까? (*복수응답)					
항목	공기업	대기업	외국계기업	중소기업	전체
표정	40.4%	40.0%	31.1%	57.9%	50.7%
헤어스타일	29.8%	14.7%	72.1%	35.0%	35.9%
바른 자세	12.8%	33.3%	13.1%	34.7%	30.2%
메이크업	36.2%	22.7%	14.8%	16.2%	18.7%
피부 톤	23.4%	14.7%	41.0%	8.8%	14.7%
인간적인 외모	23.4%	9.3%	8.2%	11.5%	11.9%
의상/액세서리	4.3%	10.7%	9.8%	6.5%	7.3%
잘생긴 외모	6.4%	8.0%	0.0%	8.2%	7.1%

이력서 사진에 가장 적합한 표정은 무엇입니까?					
항목	공기업	대기업	외국계기업	중소기업	전체
치아가 살짝 보이게 웃는 사진	78.7%	33.3%	50.8%	49.4%	49.9%
입을 다물고 자연스럽게 미소 짓는 사진	17.0%	37.3%	27.9%	38.8%	35.4%
치아를 많이 드러내며 활짝 웃는 사진	4.3%	16.0%	4.9%	9.7%	9.6%
무표정	0.0%	13.4%	16.4%	2.1%	5.2%

이력서 사진에 적합한 사진 보정 정도를 선택해주세요					
항목	공기업	대기업	외국계기업	중소기업	전체
피부보정	76.6%	29.3%	59.0%	49.4%	50.1%
실제얼굴	12.8%	45.3%	23.0%	27.9%	28.5%
윤곽보정_조금	10.6%	18.7%	18.0%	20.3%	18.9%
윤곽보정_많이	0.0%	6.7%	0.0%	2.4%	2.5%

출처_ 이력서 사진 설문조사(잡코리아 좋은일 연구소, 2013년)

광고 홍보직 취업 준비 운동: 면접 공략법

면접에는 다양한 유형이 존재한다. 다대다(多對多)면접, 일대일면접, PT면접, 토론면접, 영어면접 등이 있다. 각 면접의 성격이 다르고 진행방식도 달라 준비하는데 꽤 많은 시간과 노력이 소요된다. 때문에 면접 합격률을 높이고자 한다면 짧은 시간 안에 효과적으로 준비할 수 있는 전략을 짤 필요가 있다.

먼저 기업들이 광고 홍보 분야 신입사원을 뽑을 때 면접을 통해 지원자의 어떤 능력을 보고 싶어 할지 생각해 보자. 기업이 보고 싶어하는 지원자의 능력은 단연 '커뮤니케이션 능력'이다. 광고 홍보 직무는 타인을 설득하고 커뮤니케이션 해야 하는 직무이기 때문이다. 이에 기업들은 면접 유형 중 토론면접을 많이 실시 한다. 지원자 간 팀을 나눠 서로 의견에 반박하고 상대를 설득시키는 토론을 시켜보면 어떤 지원자가 논리적으로 말을 잘하는지, 혹은 감정에 휘둘려 공격적인 말을 하진 않는지 등을 한눈에 파악 할 수 있다. 때문에 현재 광고 홍보직으로 취업을 준비하는 사람이라면 무엇보다 토론면접에 대한 대비를 철저히 해야 할 것이다.

... 기업이 토론면접을 실시하는 이유를 파악하라

토론면접은 지원자들의 판단력과 설득력, 그리고 협동심, 융통성, 지식과 정보 등을 판단하기 위해 진행하는 면접방식이다. 토론면접에서 좋은 점수를 받기 위해서는 우선 지식과 정보가 충분해야 한다. 이를 바탕으로 설득력 있는 스피치 능력을 발휘할 수 있기 때문이다. 하지만 지식보다 중요한 것이 논리적인 사고이기 때문에 특정 분야에 대해 전문 지식이 부족하다고 해서 너무 걱정할 필요는 없다.

토론면접 당일, 대기실에서 지원자들은 그날 토론하게 될 주제를 부여받게 된다. 때문에 대기장소에서 지원자들 간 서로 개략적인 업무분담을 해두는 것이 좋다. 사회는 누가 볼 것인지, 첫 발표자는 누가 할 것인지 등에 대한 부분이다. 토론이 진행되는 그룹의 인원수는 보통 5~10명으로 구성되며 주어진 주제에 대해 약 30분 내외로 토론이 진행된다. 진행자를 두고 찬반으로 나뉘어 진행되거나 하나의 주제를 놓고 모두가 같이 결과를 도출해 나가는 방식이다. 토론에서 중요한 역할을 담당하는 사람이 사회자다. 사회자의 역할에 따라 해당 토론이 원활하게 운영될지 아니면 중구난방 할지 결정되기 때문이다. 자칫 사회자만 좋은 점수를 받을 수도 있다. 지원자 간의 토론이 끝나면 면접관의 추가 질문이 이어진다.

토론면접의 핵심은 협동심이다. 만약 토론을 하다 상대지원자와 의견 대립이 격해질 경우 본인은 물론 토론에 참여한 그룹구성원 모두가 불이익을 받게 된다. 토론면접은 〈MBC 100분토론〉과 같이 서로의 약점을 꼬집고 언성을 높이는 방식이 아니다. 토론에는 정답이 없으므로 다양한 의견이 나올 수 있으며 이때 서로의 의견을 존중하는 자세를 보여줘야 한다.

TIP. 토론면접 기출문제

- 상속세 폐지에 대한 찬반 토론
- 3불 정책에 대한 찬반 토론
- 존엄사에 대한 찬반 토론
- 공직자 재산 기부에 대한 찬반 토론
- 공공장소 CCTV설치에 대한 찬반 토론
- 담뱃값 인상에 대한 찬반 토론
- 창의적인 사람은 어떤 사람인가?
- 한국의 빨리빨리 문화에 대해 긍정적인 측면과 부정적인 측면에 대해 토론하시오

... 논리적인 사고로 접근하는 방법

토론면접은 무엇보다 지원자의 논리성이 중요하다. 그렇다면 가장 기본적인 논리성은 어디에서부터 나올까? 바로 정보의 올바른 분류를 통해 사고의 논리성을 어필 할 수 있다. 가장 많이 사용하는 방법이 MECE(Mutually Exclusive Collectively Exhaustive) 사고방식이다. MECE는 중복되지 않고 상호 배타적이며 합이 전체가 될 수 있는 요소의 집합

을 의미한다. 쉽게 말해 정보를 중복과 누락 없이 모두 표현한다는 의미다. 예를 들어 생물이라는 정보를 포유류와 어류로 분류한다면 이는 완벽한 표현이 될 수 없다. 생물에는 양서류, 파충류, 조류 등등의 다양한 정보가 있을 수 있는데 모두가 누락됐기 때문에 논리적이지 못한 것이다. 간혹 토론을 하면서 주장에 대한 근거를 제시할 때 정보가 누락되거나 중복되는 경우가 발생한다. 이럴 경우 논리에 대한 설득력이 떨어질 수 있기 때문에 정보를 어떻게 잘 분류하느냐를 먼저 고민하면 논리적인 사고를 할 수 있다. 만약 '창의적인 사람은 어떤 사람인가?' 라는 주제를 놓고 토론을 펼친다면 먼저 사람을 어떻게 분류할지에 대해 생각해 보는 것이다. 생물학적인 분류, 배움에 따른 분류, 나이에 따른 분류 등등 사람이란 정보를 어떤 기준을 갖고 누락 없이 또 중복 없이 분류하느냐에 따라 다양한 논리적 사고로 확장시켜 나갈 수 있다.

TIP. <u>홍보 직무 취업 준비</u>

홍보인을 꿈꾼다면 교내 방송국, 교지편집위원회, 대학생 기자단 등의 활동을 해보는 것을 추천한다. 기사를 쓰면서 글 쓰는 능력을 키울 수 있고 대내외적으로 사람들을 많이 만날 수 있어 인적 네트워크를 형성하는 데도 도움을 준다.
대학생 기자단도 좋은 경험이 될 수 있다. 문화체육관광부, 통일부, 기획재정부, 경기도, 서울중앙지법 등 국가 및 지방자치단체에서도 대학생 기자단을 모집한다. 삼성물산, LG CNS, LG 이노텍, 뉴트리라이트 등 일반 기업은 물론이고 광주문화재단, 여성의전화 등 다양한 단체에서 대학생 기자단을 운영하고 있으니 홍보 직무를 꿈꾼다면 참여해보도록 하자.

면접에서 1분 자기소개는 초두효과가 적용된다. 초두효과란 처음 입력된 정보가 나중에 습득하는 정보보다 더 강한 영향력을 발휘하는 것을 말한다. 즉, 첫인상이 얼마나 인상 깊었는지에 따라 면접이 끝날 때까지 영향을 미칠 수 있다는 것이다. 때문에 첫인상을 긍정적으로 만들기 위해서는 1분 자기소개가 무엇보다 중요하다. 자신을 가장 잘 PR 할 수 있는 것이 무엇인지 고민해보고 추상적인 단어를 사용하는 것보다 눈에 보이는 실물이 있는 키워드로 표현하는 것이 중요하다. 예를 들어 "저는 창의적인 사람입니다."라고 말하기보다는 "저는 한국의 스티브 잡스를 꿈꾸는 인재입니다."라고 구체적인 키워드를 잡는 것이 중요하다.

자기소개 나쁜 예시	자기소개 좋은 예시
일본어 통역, 번역에 지원한~	언어의 벽에 소통의 문을 달아 줄 통번역 전문가 ***입니다!
열정 바이러스를 나누며 긍정적인~	따뜻한 디자인으로 열정 바이러스를 온 세상에 퍼트리겠습니다! 웹디자이너 ***입니다.
'예비 여행전문가'를 꿈꾸는~	여행을 계획해드리지 않겠습니다. 여행을 디자인 해드리겠습니다. 여행 디자이너 ***입니다.
열정 있는 스포츠 마케터~	스포츠 마케터로의 성공적 경험을 통해 모든 이의 마음을 마케팅 하겠습니다!
회계/재무/경리/은행/금융/상경계열 에 두루 관심이 있는~	미래지향적 사고로 끊임없이 새로운 비전을 제시하는 금융인이 되겠습니다. 저는 ***입니다.
늦었지만 최선을 다하는 세무, 회계인~	세무, 회계 전문 지식에 노련미까지 더한 열정의 사나이 ***입니다!
사무직, 경리에 지원한~	센스 있는 업무 감각과 열린 마음으로 고객과의 소통을 이끌어 낼 ***입니다!
경리/영업관리/사무직/회계~	탁월한 전문지식과 다양한 실무경험으로 책임 있게 일을 수행하겠습니다. 저는 ***입니다.
인사기획에 지원한~	신바람 나는 일자리로 이끌어갈 애사(愛社) 전파자, 인사 관리자 ***입니다.

면접에서 감점을 당하지 않는 방법

지원자들의 능력은 점점 상향평준화 되고 있다. 엇비슷한 인재가 면접까지 올라오는 상황에서, 면접에서 행한 작은 실수 하나가 감점요인으로 작용해 탈락의 고배를 마시는 취업 준비생이 생기고 있다. 그렇다면 기업 인사담당자가 생각하는 면접 감점요인은 무엇일까? 기업 인사담당자 176명을 대상으로 지원자 면접 감점요인에 대한 설문조사를 실시한 결과, '불성실한 면접태도'가 61.9%로 가장 높게 나타났다. 이어서 ▲대답에 신뢰가 가지 않을 때(40.3%) ▲지각(35.2%) ▲자신감 부족(34.7%) ▲동문서답(32.4%) ▲단정치 못한 면접복장(13.1%) ▲직무에 대한 낮은 이해도(10.2%) 순이었다. 마땅히 지양해야 할 부분이지만, 정작 면접장에 들어가면 머릿속이 새하얘져 아무 것도 생각나지 않는 경우가 많다. 미리 면접 감점요인에 대해 체크해보고, 대처방법을 몸에 익히도록 하자.

첫째, 면접 태도가 중요하다

면접에 있어 태도는 무엇보다 중요하다. 태도라는 것은 하루아침에 만들어 지는 것이 아니기 때문이다. 평소 몸가짐과 언행 등이 복합적으로 작용해 태도가 된다. 면접장에서 긴장한 나머지 다리를 떤다거나, 이유 없이 웃는 등의 모습은 불성실한 면접태도로 오해 받을 수 있다.

때문에 면접 롤플레이를 통해 자신의 모습을 촬영하여 영상을 돌려보며 자세와 목소리 등을 고쳐나가는 연습이 필요하다.

둘째, 구체적인 대답이 신뢰성을 낳는다

기업은 지원자를 심도 있게 평가하기 위해 구조화면접과 압박면접 등의 면접방식을 취하게 된다. 이때 면접질문에 답변을 할 때는 구체적이어야 한다. 먼저 자신이 이야기 하고 싶은 핵심문장을 말하고, 왜 그런지에 대한 경험 또는 생각을 답하면 된다. 하지만 많은 구직자들이 답변을 할 때 구체적으로 답하지 못하고 두루뭉술하게 말하는 경우가 대다수다. 때문에 질문에 대한 명확한 답변을 얻지 못한 면접관으로서는 지원자를 신뢰할 수 없게 되는 것이다.

셋째, 절대 지각하지 말자

누가 어렵게 얻은 면접기회에 지각을 할까 싶겠지만, 나도 언제든지 지각 할 수 있다는 사실을 잊지 말아야 한다. 생각보다 버스가 늦게 오거나 차가 막히는 등 처음 가보는 면접장까지의 교통상황을 알지 못하기 때문에 도착 예상시간을 훌쩍 넘길 수도 있다. 지각을 하게 되면 초두효과로 인해 첫 인상을 극복하기 힘들다. 직장인으로서 근면함은 기본이다. 면접장까지 가는데 충분한 여유 시간을 갖고 출발하자.

넷째, 자신감이 8할이다

자신감은 무엇보다 중요하다. 지원자에게 어떤 업무를 시켜도 해결할 수 있겠다는 믿음을 줄 수 있는 부분이 지원자의 자신감 있는 모습이기 때문이다. 자신감은 목소리와 눈빛에서 나온다. 말미를 흐리지 말고 끝까지 또박또박 말하는 연습을 하자, 눈에 너무 힘을 주면 인상이 사나워 보일 수 있으니 눈빛에는 적당히 힘을 싣도록 한다.

다섯째, 동문서답하지 말자

면접관이 가장 답답할 때는 지원자가 질문의 요지를 파악하지 못하고 엉뚱한 대답을 할 때다. 모든 질문에는 의도가 있다. 만약 '일과 돈, 명예 중 중요하게 생각하는 것을 순서대로 말해보시오'라는 질문을 받았다면, 어떻게 답해야 할까? 질문의 의도를 알면 답은 극명해진다. 이 질문의 의도는 직업에 대한 사명과 가치관을 묻는 것이다. 때문에 자신의 직업의식과 철학을 덧붙여 답하면 되는 것이다.

면접 시 가장 큰 감점요인을 꼽는다면 무엇인가요?	(복수응답)
항목	응답률
불성실한 면접태도	61.9%
대답에 신뢰성이 없을 때	40.3%
지각	35.2%
자신감 부족	34.7%
동문서답	32.4%
단정치 못 한 면접복장	13.1%
직무에 대한 낮은 이해도	10.2%

출처_ 기업 인사담당자가 꼽는 지원자 면접 감점요인 설문조사(잡코리아 좋은일 연구소, 2014년)

광고 홍보직 선배들의 리얼 취업스펙 공개

영어 점수와 학점을 아무리 높게 받아도 자꾸만 부족하게 느껴지는 것이 취업 준비생들의 공통된 마음일 것이다. 이는 합격의 기준이 되는 스펙이 매우 유동적이기 때문이다. 실제로 어떤 사람은 학점이 2점대였지만 원하는 기업과 직무로 취업하기도 하고, 반대로 어떤 사람은 토익점수 만점을 받아도 서류전형에서 떨어지기도 한다. 그렇다면 대체 어떤 기준으로 스펙을 준비해야 할까? 이를 알아보기 위해 이미 취업에 성공한 광고 홍보 분야 선배들의 스펙을 조사해 봤다. 선배들의 합격 스펙을 참고하여 준비하면 계속해서 스펙을 더 올려야 할 것 같은 불안감에서 조금이나마 해방될 수 있을 것이다. 단, 앞서 말한 것처럼 아래의 스펙이 있다고 해서 모두 취업에 성공하는 것은 아니다. 자기소개서와 면접에서 좋은 모습을 보여주지 못하면 아무리 스펙이 좋아도 합격이 어렵다는 점을 명심해야 한다.

... 어학 점수보다는 자격증 또는 대외활동 경험을 하라

국내 주요 광고대행사 및 홍보대행사로의 취업에 성공한 15인의 입사 시 스펙을 역추적해 봤다. 그 결과, 지방소재 대학 또는 2~3년제 전문대학 출신자들도 충분히 주요 광고 및 홍보대행사로 취업할 수 있었다. 특히, 어학 점수가 없는 이들도 꽤 있었는데 이들은 영어 점수를 대체할 자격증 취득 또는 대외활동 및 공모전 수상 경력 등 자신만의 실력을 갖추고 있었다.

즉, 광고와 홍보 분야로 취업하기 위해서는 학벌이나 어학 점수, 그리고 학점 등과 같은 스펙 보다는 자신의 열정과 능력을 보여줄 수 있는 다양한 경험을 쌓는 것이 훨씬 큰 힘을 발휘한다는 점이 입증된 셈이다.

광고대행사, 홍보대행사, 기업 홍보팀 취업 성공 합격자 15人 스펙 조사								
대학 유형	학과	학점 (4.5점 만점 기준)	토익 점수	자격증	어학 연수	인턴 경험	수상 경력	대외 활동
서울4년제	언론홍보	3.8	750	O				
서울4년제	중국언어문화학과	4.2	970	O	O			
서울4년제	독어독문학과	3.8	820		O	O		
서울4년제	상경	4.2	755					
서울4년제	불어불문학과	3.1	없음	O	O	O	O	O
수도권4년제	언론홍보	3.3	800				O	
수도권4년제	철학과	3.5	860		O			
수도권4년제	영상영화학과	3.5	670	O		O	O	O
지방4년제	영상미디어학과	3.0	880		O			
지방4년제	광고홍보학과	2.7	없음					O

지방4년제	시각디자인과	3.3	없음	O			O	
지방4년제	사회체육학과	3.3	830					
초대졸	국제무역학과	4.2	840	O				
초대졸	관광영어과	2.5	없음	O		O		
해외대학	Theatre Practice	2.6	945		O			

출처_ 잡코리아에 등록된 2014년 상반기 합격자 스펙 데이터 분석

··· 국내 대표 광고기획사 & 홍보대행사의 지원자격 및 인재상

광고기획사

이노션

- **지원 자격:** 국내/해외 정규대학(4년제) 및 대학원 졸업자 및 졸업예정자
- **우대 사항:** 제2외국어 가능자(중국어, 러시아어, 포르투갈어, 스페인어 등) / UCC 제출자 중 우수 UCC 제출자 가산점 부여(선택사항)
- **인재상 키워드:** ▲Insight적 사유인 ▲Professional을 지향하는 전문인 ▲Global 수준의 성취인 ▲Integration을 지향하는 관계인

대홍기획

- **지원 자격:** 고졸 이상(전공 무관)
- **우대 사항:** 광고제 및 공모전 수상 경력자, 외국어 사용 우수자
- **인재상 키워드:** ▲열정 ▲창의성 ▲책임감

코마코

- **지원 자격:** 신입사원(4년제 대졸 이상) / 인턴사원(4년제 대학 재학 이상)
- **우대 사항:** 광고학 관련 전공자 우대 / 광고제 수상자 우대
- **인재상 키워드:** ▲패기 ▲능력

> **엘베스트**
> - **지원 자격**: 광고에 대한 열정과 꿈을 가진 인재
> - **우대 사항**: 광고 공모전 수상자
> - **인재상 키워드**: ▲Passion ▲Creativity ▲Knowledge ▲Global Mind

홍보대행사

> **프레인**
> - **지원 자격**: 국내/해외 정규대학(4년제) 및 대학원 졸업자 및 졸업예정자
> - **우대 사항**: 제2외국어 가능자(일어, 중국어 등)
> - **인재상 키워드**: ▲Professionalism ▲Productivity ▲Passion ▲Pleasure

> **엑세스 커뮤니케이션 앤드 컨설팅**
> - **지원 자격**: 국내/해외 정규대학(4년제) 및 대학원 졸업자 및 졸업예정자
> - **우대 사항**: 어학 특기자 및 제2외국어 가능자(일어, 중국어 등), 전문 역량(자동차, IT, 음악, 스포츠, 금융 등)
> - **인재상 키워드**: ▲인성 ▲열정 ▲끈기

> **amPR**
> - **지원 자격**: 국내/해외 정규대학(4년제) 졸업자 및 졸업예정자
> - **우대 사항**: 언론 및 광고홍보학과 전공자, 영어 가능자
> - **인재상 키워드**: ▲명확성 ▲합리성 ▲창의적인 사고 ▲열정

광고 홍보직 취업 준비 운동: 공모전 활용법

대학생들에게 공모전은 취업 전 반드시 거쳐야 하는 필수 코스로 꼽히고 있다. 공모전은 자신만의 스토리를 만들 수 있고 직무에 꾸준한 관심을 가지고 준비했다는 것을 보여줄 수 있는 가장 좋은 기회다. 예비 광고 홍보인이 도전하면 좋을 광고 PR 공모전과 취업 선배들이 직접 전하는 노하우를 알아보자.

입상보다 중요한 건 경험이다

적지 않은 취업 준비생들은 반드시 공모전에서 입상해야 한다고 생각하는 경향이 있다. 공모전을 하나의 스펙으로 생각하고 입상하지 못하면 별반 도움이 되지 않는 것으로 여기는 것이다. 하지만 공모전은 도전하는 것 자체만으로도 의미가 되고 좋은 경험이 된다. 공모전은 실무경험을 해볼 수 있는 가장 적합한 연습장이다. 공모전을 경험하며 기획서를 작성하는 법을 알 수 있고 다양한 이들과 협업하는 스킬도 익힐 수 있다. 실제로 43개의 공모전에 수상경력이 있는 취업선배는 스펙이나 취업만을 위해 공모전을 준비했다면 몸도 마음도 금방 지쳐서 좋은 결과를 얻지 못했을 거라고 알려주었다. 즉, 공모전 수상을 목표로만 바라보지 말고 공모전을 준비하는 과정 자체를 즐겨야 한다는 뜻이다.

나에게 맞는 공모전을 찾아라

무작정 많은 공모전에 참여한다고 해서 모두 도움이 되는 것은 아니다. 자신의 직무에 맞는 분야의 공모전을 선별하고 체계적으로 준비해야 합격률도 더 높아진다. 또한 지나치게 다양한 분야의 공모전에 참여하는 것보다 수상하지 못하더라도 직무와 관련된 공모전에 참여하는 것이 해당 직무에 꾸준히 관심을 가지고 준비했다는 것을 어필하는 데 더욱 효과적이다. 따라서 공모전에 도전할 때는 자신의 적성과 잘 맞는지를 파악하자. 본인이 준비 과정을 즐기면서 할 수 있어야 좋은 결과가 나온다.

팀원을 구성할 때는 친한 친구를 피해라

직장인들이 우스갯소리로 하는 이야기가 있다. '친한 친구와 함께 일하지 않는 게 다행이라는 것'이다. 일을 하다 보면 의견 대립이 있을 때가 많아 아무리 친한 사이여도 쉽게 감정이 상할 수 있기 때문이다. 공모전도 마찬가지다. 특히, 친한 친구와는 관심 분야가 겹쳐 의외로 다양한 아이디어가 나오지 않을 수 있다. 그러니 공모전 팀을 꾸릴 때는 타과 수업 등을 통해 서로 부족한 부분을 보완해 줄 수 있는 사람으로 구성하는 것이 좋다. 새로운 사람과 프로젝트를 하다 보면 실무에서 가장 중요한 '협업의 기술'을 배울 수 있을 것이다.

팀 구성원은 4~5명이 넘어가지 않는 것이 좋다. 너무 많은 인원이 함께하다 보면 의견을 맞추는 데 아까운 시간을 허비하기 때문이다. 또한 인원이 많을수록 무임승차를 엿보는 '프리라이더'가 생길 가능성이 아주 높다. 이렇게 되면 팀 내 불화가 일어나기 쉽고 준비 과정에서 지치게 된다는 것을 유념해야 한다.

준비운동은 필수다

공모전은 '벼락치기' 수법이 통하지 않는다. 참여하고자 하는 공모전이 있다면 준비운동을 해두는 것이 좋다. 화려한 수상경력이 있는 취업선배 J는 공모전을 준비하기 6개월 전부터 학교 도서관에 비치되어 있는 광고와 마케팅에 관련된 책을 읽는 등 단단한 준비 운동을 했다고 한다. 준비 운동을 열심히 하면 기획안을 어떻게 써야 하는지, 어떤 아이디어를 제시해야 하는지 감이 오기 시작한다. 준비운동을 열심히 하면 사고가 나지 않는다는 사실을 기억하자.

주최한 기업의 인사이트를 파악하라

공모전에 참여하는 학생들은 '나의 기준 혹은 내 주변의 기준'에서만 아이디어를 생각하는 경향이 있다. 물론 자신의 주변을 살피는 것도 좋은 방법이다. 그러나 공모전을 주최하고 응모된 작품을 평가하는 것은 대학생이 아닌 기업이라는 사실을 명심하자. 기업이 공모전을 통해 무엇을 얻고 싶은지 알고 싶다면 해당 기업의 슬로건이나 장단점 등의 정보를 먼저 충분히 수집한 후 해당 정보를 토대로 기업의 니즈를 파악해 보는 연습을 해보자.

자신에게 폐를 끼치지 말아라

공모전은 많은 시간을 투자해야 하는 작업이다. 시간을 투자한 만큼 많은 것을 얻어가야 함을 잊지 말자. 공모전을 통해 가장 많은 것을 얻어가야 하는 사람도, 성장해야 하는 사람도 자신이다. 요령을 피우거나 남에게 의지하는 등의 행동은 타인뿐 아니라 자신에게 폐를 끼치는 행동임을 명심해야 한다.

··· 눈여겨 봐야 할 광고 및 홍보 공모전

HS애드 대학생 광고 대상
접수 시기 매년 7월
참가 자격 국내·외 2년제 이상 대학(원)생 및 휴학생
HS애드에서 주최하는 대학생 광고 공모전이다. 응모 분야는 IMC-D와 Creative-D 부문으로 나뉘며 각 분야 대상에게는 300만 원의 상금과 트로피를 증정한다. 또한 대상 팀에 한하여 인턴십 참가자격을 부여한다. 응모 신청은 온라인으로만 가능하다.

대한민국 공익광고제 공모전
접수 시기 매년 8월

참가 자격 누구나 가능

2009년부터 한국방송광고진흥공사에서 주최하는 광고공모전으로 대한민국 국민이라면 누구나 참여할 수 있다. 응모자격은 일반부와 학생부로 나뉘며 대학생은 학생부에 속한다. 응모 분야는 TV스토리보드와 인쇄광고로 나뉘며 대한민국 공익광고제 공모전 홈페이지에서 온라인 접수하면 된다. 대상에게는 2천만 원의 상금이 수여된다.

DCA 대학생 광고대상

접수 시기 매년 7월

참가 자격 전국 대학(원)생 및 휴학생

2014년 31회를 맞이한 〈DCA 광고대상〉은 롯데그룹 광고대행사인 대홍기획이 주최하는 대학생 광고 공모전이다. 응모부문은 기획서와 작품이며 작품부문은 필름, 인쇄, 옥외, 디지털, 오픈 크리에이티브의 총 다섯 가지 분야로 나뉜다. 제출 작품수의 제한은 없으며 공동 작품의 출품자는 작품당 4명으로 제한된다. 대상 수상 팀에는 대홍기획 공채 인턴십 지원 시 3년 내 서류전형 1회 면제 혜택을 부여하며 상시 인턴 수요 발생 시 우선적으로 기회를 제공한다.

제일기획 아이디어 페스티벌

접수 시기 매년 1월

참가 자격 국내·외 2년제 이상 대학생

국내 대학생 광고 공모전 중 권위 있고 치열한 경쟁률을 보이는 제일기획 아이디어 페스티벌은 예비 광고인들이 한 번쯤 도전해 봐야 하는 공모전으로 꼽힌다. 응모 부문(2014년 기준)은 Film, Press, Outdoor, Digital, Innovation, Planning으로 총 여섯 가지로 나뉘며, 매체별로 집행할 수 있는 아이디어를 제출하는 것이 주요과제다. 대상에게는 제일기획 인턴십 프로그램에 참여할 기회를 부여한다.

현대모비스 대학생 광고 공모전

접수 시기 매년 2~3월

참가 자격 2년제 이상 대학(원)생 및 휴학생

2014년 5회를 맞이한 〈현대모비스 광고 공모전〉은 현대모비스가 매년 대학생을 대상으로 진행하는 광고 공모전이다. 2년제 이상 대학의 대학생 및 대학원생은 누구나 참여할 수 있으며, 개인 또는 3인 이내의 팀을 꾸려 지원 가능하다. 지난 5회 공모전의 주제는 세 가지 주제의 '현대모비스 기업 PR 광고'였다. 대상을 받은 팀 또는 개인에게는 현대자동차그룹 광고대행사인 이노션월드와이드 인턴십 기회를 제공한다.

팔도 산타페 광고 공모전

접수 시기 매년 8월

참가 자격 전국 대학(원)생 및 휴학생

1998년 1회를 시작으로 진행되고 있는 역사 깊은 광고 공모전이다. 최다 접수 2,600 작품을 비롯해 평균 1,000여 점의 작품 접수를 넘나드는 치열한 경쟁률을 보인다. 전국 대학(원)생 및 휴학생이면 누구나 참여할 수 있으며, 개인 혹은 3인 이내의 팀을 구성해 지원 가능하다. 작품은 온라인으로만 제출할 수 있다.

오뚜기 대학생 디자인 & 광고 공모전

접수 시기 매년 10월

참가 자격 2년제 이상 대학(원)생 및 휴학생

오뚜기는 매년 전국 대학생을 대상으로 디자인, 광고 공모전을 진행한다. 오뚜기 제품을 활용한 광고 제작물을 제출하는 것이 주요과제다. 공동작품일 경우 팀 당 4명 이내로 공동작품을 제출할 수 있으며 두 개의 작품을 출품할 수 있다. 대상에게는 애드리치 입사 지원 시 우대 혜택 및 인턴십 채용 기회가 부여된다.

신한은행 대학생 홍보대사

접수 시기 매년 6~7월

참가 자격 전국 대학생 및 휴학생

신한은행의 브랜드 가치를 대외적으로 홍보하고 이와 관련해 관련 아이디어를 제출하는 것이 주요 활동이다. 총 5개월 동안 활동하게 되며 프로그램은 개인과 팀 활동으로 구성돼있다. 대부분의 활동을 스스로 기획해서 할 수 있는 것이 큰 장점이다. 활동 우수자에게는 해외문화 탐방을 보내줄 뿐 아니라 신한은행 채용 전형 시 우대한다.

대우건설 대학생 홍보대사

접수 시기 매년 1월

참가 자격 4년제 대학생 및 휴학생

2009년 건설업계 최초 대학생 홍보대사로 시작되어 5년간 10개 기수와 총 442명의 활동자를 배출했다(2014년 기준). 홍보대사로 선정되면 총 6개월 동안 대우건설을 홍보하는 UCC제작 및 홍보, CSR활동 기획 및 진행 등 다양한 활동에 참여하게 된다. 활동기간에는 서울, 경기, 부산, 경남지역에 거주해야 하며 활동 우수자에게는 장학금과 현장견학 기회, 입사 지원 시 서류전형 면제 혜택을 부여한다.

파나소닉코리아 대학생 홍보대사 PR 챌린지

접수 시기 매년 2~3월

참가 자격 전국 4년제 대학생 및 휴학생

2014년 6기를 맞이한 파나소닉코리아 대학생 홍보대사는 1, 2학기로 활동이 진행되는 것이 특징이다. 팀원은 반드시 같은 학교 학생 4~5인으로 구성해야 하며, 응모는 파나소닉 제품을 효과적으로 알릴 수 있는 기획서를 이메일로 제출하면 된다. 대상에게는 최대 1000만 원의 장학금(2014년 기준)과 상장을 부여한다.

농심 대학생 펀스터즈

접수 시기 매년 6~7월

참가 자격 전국 대학생

농심의 대학생 서포터즈인 '펀스터즈'는 잡코리아와 아르바이트 전문 포털 '알바몬'이 공동 실시한 〈대학생 및 취업 준비생이 뽑은 최고의 대외활동〉(2013년 조사)에서 홍보대사(서포터즈) 부문 식품업계 1위로 선정된 인정받는 대외활동이다. 펀스터즈에 최종 선발되면 약 5개월 동안 SNS 콘텐츠 제작, 제품 프로모션 기획, 매장방문 및 제품판매 모니터링 등 실질적인 마케팅 홍보활동에 참여하게 된다. 또한 펀스터즈에게는 매월 농심 제품과 소정의 활동비가 지급된다.

※세부사항은 기업 사정 및 연도에 따라 달라질 수 있으니 참고할 것.

... 함께 모여 준비하면 실력이 배가 된다 _ 대학생 광고연합 동아리

온애드(www.onad.me)

19년 역사를 자랑하는 대학생 광고연합 동아리다. 매주 광고 이론을 스터디하고 토론하며 예비 광고인이 되기 위한 탄탄한 준비를 하고 있다. 또한 맥스웰하우스, 처음처럼, 메타콘, 대학생재즈페스티벌, 11번가, JWT 등 기업과 연계한 다양한 활동에 참여하고 있다. 2010년에는 매거진 CeCi와 동아일보에서 동아리 활동을 취재했을 정도로 실력을 인정받고 있는 연합 동아리다.

애드컬리지(www.adcollege.or.kr)

1990년 창립된 애드컬리지는 '광고를 통한 인간관계의 증진'을 모토로 꾸준한 활동을 펼치고 있다. 등록 인원만 800여 명이며, 현재 약 150여 명이 활동하고 있다. 매주 토요일 2시 정기 일정을 갖고 신입PT, 경쟁PT, 광고제 등 다양한 행사를 통해 예비 광고인이 될 준비를 한다. 서울, 경인 지역 소재 4년제 대학교 재(휴)학생이면 누구나 지원할 수 있다.

애드파워(www.adpower.org)

기획부, 카피부, 영상부, 디자인부로 나뉘어 스터디와 공모전 참여뿐 아니라 광고 전시회, 경쟁 PT 등 다양한 활동을 펼친다. 2014년에는 제22회 소비자 광고 대상 심사위원단에 참가하기도 했으며 광고재능 기부로 '중소출판협회 북트레일러'를 제작하는 등 활발한 활동을 하고 있다. 매주 토요일에는 현업에 종사하고 있는 취업 선배와 함께 생생한 현장이야기를 들으며 스터디 하는 시간을 갖는다.

애드피아(www.adpia.or.kr)

서울, 경인지역 대학생 광고엽합 동아리다. 크게 기획부, 카피부, 디자인부로 구성되어 있으며 이 외에 홍보팀, 편집팀, 웹팀, 행사팀을 따로 운영하고 있다. 1학기와 2학기로 나뉘어 프로그램을 진행하는데 1학기에는 광고현업에 있는 선배들과 외부 강사의 강연을 통해 체계적인 스터디를 진행한다. 2학기에는 부서별로 세미나 및 광고 캠프와 광고 전시회 등의 활동을 진행한다.

애드플래쉬(www.adflash.or.kr)

2014년 26기를 모집한 애드플래쉬는 서울, 경인지역 소재 대학생이 함께하는 대학생 광고연합 동아리다. PR, 카피, 마케팅, 디자인, 영상 등 다섯 개 부서로 구성되어 있으며, 스터디는 물론 다양한 공모전과 행사에 참여해 예비 광고인이 되기 위한 준비를 함께하고 있다. 애드플래쉬는 애드컬리지, 애드파워, 애드피아와 함께 매년 '4대동 체육대회'와 MT를 진행해 동아리 원들이 다양한 예비 광고인들을 만날 수 있는 기회를 제공한다.

예비 광고 홍보인이 알아야 할 실무 지식

광고와 홍보는 많은 이들에게 그 작업의 결과물이 노출되는 직무다. 그만큼 신경 써야 할 부분이 많다. 특히 요즘은 많은 기업이 SNS를 운영하고 있기 때문에 과거보다 더 많은 콘텐츠를 지속적으로 올려 고객의 관심을 끌도록 노력하고 있다. 광고는 물론이거니와 홍보 활동을 할 때도 저작권을 신경 써야 하는 이유다. 이에 이번 장에서는 저작권에 대해서 간단하게 살펴보도록 하겠다. 단, 기본적인 사항을 알아두되 무슨 일이든 예외가 있다는 점을 기억해두자. 많은 경우의 수가 있기 때문에 법률이라는 것은 생각보다 자세하지 않으며 모든 일에 대해 예외의 여지를 남겨두고 있음을 알아야 한다.

광고 카피도 저작권 보호를 받을 수 있나요?
"가장 맛있는 온도가 되면 암반천연수 마크가 나타나는 하이트, 눈으로 확인하세요”라는 광고 문구가 “최상의 맛을 유지하는 온도, 눈으로 확인하십시오”라는 문안의 저작권을 침해한 것인지 문제 된 사건이 있었다. 이른바 ‘하이트 맥주’ 사건(서울고등법원 1998. 7. 7. 선고 97나15299 판결)이다. 법원은 이에 “구체적으로 외부에 표현한 창작적인 표현형식이고 표현되어 있는 내용, 즉 아이디어 이론 등의 사상은 저작권의 대상이 될 수 없고”, “온도를 눈으로 알 수 있다는 단순한 내용을 표현한 것으로서, 그 문구가 짧고 의미도 단순하여 그 표현형식에 어떤 보호할 만한 독창적인 표현형식이 포함되어 있다고 볼 여지도 없다 할 것이어서 이 사건 광고문구에 저작권을 인정할 수 있는 창작성을 인정할 수 없다”고 판결했다. 판결을 해석해보면 광고문구는 ‘아이디어’에 불과하지 ‘표현’으로서 성립되지 않는다는 것이다. 이는 반대로 생각하면 “보호할 만한 독창적인 표현 형식”이 있다면 간결한 문구라 하더라도 저작권 보호를 받을 수 있다는 의미로도 해석된다. 하지만 지금까지 광고문구가 저작권 보호 대상이 된다는 판례는 없다. 우리나라 판례는 ‘제호나 카피’의 짧은 문구는 저작물로 보고 있지 않으므로 책, 영화, 음반 등의 저작물 제목도 저작권법의 보호를 받지 못한다.

초상권, 어디까지 적용되나요?

사람이 북적이는 거리의 사진이나 열광적인 분위기의 콘서트 사진 등이 광고나 홍보의 목적으로 쓰이는 경우가 종종 있다. 특히 관중을 촬영한 사진은 생생한 현장 분위기를 전달하는 효과가 있어 여행 광고나 공연 홍보 시 사용되고는 한다. 그렇다면 이 사진에 찍힌 관중 한 사람, 한 사람에게 초상권 허락을 받고 광고에 게재해야 할까? 일단 답은 ‘아니오'다. 초상권 침해 여부는 '누구를 어디에서 어떻게 촬영해 어떻게 이용하느냐'에 따라 결정된다. 이를 판단할 때 일반적인 '상식'이라는 잣대를 사용하는데 이 상식의 범위가 매우 모호하다. 일반적으로 거리나 공연장의 대중을 촬영한 사진은 특정인이 부각되지도 않으며 그 개개인에게 인격적 훼손이 가해지지 않는다고 생각하는 것이 상식이다. 하지만 군중을 촬영한 사진이라도 특정인이 눈에 띄는 장면이 우연히 찍혔고 그로 인해 광고 효과가 배가된다면 초상영리권이 인정될 소지가 있다. 때문에 군중을 찍은 사진에 대해서 당사자 모두의 허락은 필요하지 않으나, 만약의 경우 문제가 될 수 있다는 점을 염두에 두자.

온라인에서의 링크, 어디까지가 불법이고 어디까지가 합법인가요?

링크에는 단순 링크(Simple link), 직접 링크(Deep link), 프레이밍 링크(Framing link), 임베디드 링크(Embedded link)가 있다.

단순 링크는 특정 이미지나 문구를 클릭하면 해당 사이트로 바로 갈 수 있도록 해주는 것으로 사이트 운영자에게 어떤 손해도 야기하지 않는다. URL 주소만을 복사한 것이므로 법적 문제도 생기지 않는다.

직접 링크는 사이트의 메인 페이지가 아닌 상세 페이지로 바로 이동하는 것으로 타깃이 되는 사이트 운영자의 광고 수입 측면에서 불이익이 생길 소지가 있다. 저작권 침해라고 볼 수는 없으나 영업 이익 침해의 문제가 발생할 수 있는 것이다.

프레이밍 링크는 프레임 태그를 사용해 링크 사이트가 자기 홈페이지 속에 바로 나타날 수 있도록 해주어 그 콘텐츠가 마치 링크 게시자의 저작물인 것처럼 보이도록 한다. 따라서 링크대상 사이트가 얻어야 하는 광고 및 방문자 수에 대한 이익이 침해되므로 일반 불법 행위가 성립할 수 있다.

저작권이 문제가 되는 것은 임베디드 링크다. 임베디드 링크는 임베디드 태그를 사용해 음악이나 동영상 등을 전송할 수 있도록 해준다. 이 경우 음악이나 영상 저작물을 불특정다수에 제공하는 것이 되어 저작물에 대한 전송권 침해가 될 수 있다.

··· 업계 용어, 알고 출근하자

"광고주가 구좌 수를 물어보는데 왜 제 은행계좌를 물어보는 걸까요?", "엠바고 오늘 오후까지니까, 보도자료는 내일 일자로 릴리즈 준비해 주시고 다음 주 프레스 컨퍼런스 노벨티 아이디어 메일로 보내주세요."

어떤 직무를 하든 전문용어와 은어는 신입사원에게는 생소하다. 모르면 물어보면 된다지만, 지시가 있거나 미팅에 참여할 때마다 쏟아지는 모든 단어들을 그 자리에서 물어볼 수도 없는 노릇이다. 미리 알아두면 도움이 되는 광고·홍보 업계 용어를 살펴보도록 하자. 미팅에서도 기죽지 않는 당당한 신입사원, 조금만 노력하면 될 수 있다.

광고 분야 직업어
• **가부킹**: 원하는 매체, 원하는 지면에 광고를 걸기 위해 매체 기획 시점에 가능한 한 매체를 미리 가(假)부킹한다. 원하는 매체의 자리를 예약해놓는 것이라 보면 된다.
• **Creactive**: 광고주와 대행사에서는 배너 등의 광고물을 Creative라 칭한다.
• **인하우스(In-House)**: '회사나 조직 내부의' 라는 뜻이 있으며, 큰 기업의 계열사 중 하나거나 사내 소속팀일 경우 인하우스라 일컫는다. 일반적으로 광고업과 관련한 기업 구분은 인하우스, 독립, 외국계로 나뉜다.

- VAT(Visitor's Activity Tracking): 유저의 특정한 행위에 대한 결과 값(추적 가능한 형태)을 말한다.
- 로테이션·구좌 수: 온라인 광고에서 광고 위치 하나에 들어갈 수 있는 광고의 수를 말한다.
- Key Account: 광고대행사가 가장 중요하다고 생각하는 대형 광고주를 뜻하는 단어다.
- 부티크(Boutique)·프로덕션(Production): 광고 부티크와 프로덕션은 제작 중심의 소규모 광고회사를 말한다. 매체대행을 직접 하지 않으며 대형 광고 대행사의 제작 업무를 아웃소싱 하기도 한다. 부티크는 인쇄광고 중심, 프로덕션은 TV CM 중심의 제작을 주로 다룬다.
- Billing: 광고 취급액. 즉, 광고주가 광고대행사에 광고 매체 비용, 제작비용 등으로 지급한 금액을 말한다.
- Fee: 약정 요금. 광고주가 광고대행사에 지급하는 서비스 대가로서 원가 보상 방법에 의하여 결정되는 대행사 보수를 말한다.
- Burn Out: 소멸 현상. 광고 집중도가 높아지면 광고 빈도 또한 비례적으로 증가하여 소비자들이 광고에 싫증을 내거나 무관심해지는 현상을 말한다.
- Wear Out: 광고 캠페인 시작 후 과잉 노출이나 시간 경과에 따라 광고물의 효과가 감소하는 현상을 말한다.
- Clutter: 수용자의 주의 집중을 방해하는 광고 메시지의 혼잡 상태. 광고들의 경쟁이 증가하여 수용자의 주의를 혼란 시킴으로써 결과적으로 메시지 전달을 방해하는 매체 환경을 뜻한다.
- SOV(Share Of Voice): 광고 혼잡도. 카테고리 내 경쟁사 대비 자사의 광고가 차지하는 비율을 말한다.
- Takeover·Superstitial AD: 광고 전체가 화면을 뒤덮는 전면 광고로 보통 슈퍼스티셜(Superstitial)의 형태로 게재된다. 슈퍼스티셜 광고는 광고 시간이 20초 정도로 길며 애니메이션, 소리, 그래픽 등 다양한 형태가 조합된 삽입 광고 형태가 일반적이다.
- Copy Test: 광고물의 효과를 측정하는 것을 말한다.
- Hit: 한 명의 사용자가 웹서버의 파일 하나에 접속하는 것. '히트'란 서버에 있는 파일 하나에 접속한 횟수이기 때문에 한 사이트에 그림이 10개 있다면 히트 수는 그림 10개와 웹페이지 1개를 포함한 11로 카운트 된다.
- Jingle: 메시지가 음악적으로 제시되는 광고. 짧은 멜로디와 노래 가사를 이용하여 소비자들이 메시지를 쉽게 기억하도록 하는 음악 광고를 말한다.

- **엠바고(Embargo)**: 일정 시점까지 보도를 금지하는 매스컴 용어로 주로 보도자료 상단에 기재한다.
- **노벨티(Novelty)**: 광고나 홍보 행사의 효과를 높이기 위해 고객에게 증정하는 행사 기념품을 말한다.
- **야마**: 보도자료나 기사 작성 시 주제와 핵심 포인트, 제목 등을 의미한다.
- **애드버토리얼(Advertorial)**: 기사형 광고. 신문이나 잡지를 언뜻 보았을 때 편집 기사처럼 보이게 만드는 기사형 광고를 말한다.
- **빼다**: 디자인 업계에서 말하는 '삐지(BG, Background)'와 유사한 개념이다. 주로 제안서 작업을 하는 과정에서 제안서의 기본 형태, 틀을 의미하는 마스터 작업을 말한다.
- **브레이크(Break)**: 즉시 공표 가능한 기사를 뜻한다. 혹은 프로그램 중간광고를 말하기도 한다.
- **비딩(Bidding)**: 일반적인 경쟁PT를 뜻한다.
- **뉴스 소스(News Source)**: 인터뷰 대상자를 말한다.
- **오프더레코드(Off-the-record)**: 기록에 남기지 않는 비공식 발언이라는 뜻이다. 오프더레코드를 요구하는 경우, 그 내용을 공표하지 않겠다는 약속을 하거나 취재원을 유보하기 위해 이를 거부하는 등의 결정을 해야 한다.
- **디프백그라운드(Deef Background)**: 취재원이나 기사의 출처를 밝히지 않는 취재 형식을 말한다. 넓은 의미에서 오프더레코드에 속하지만 오프더레코드는 보도를 금하는 것이고 디프백그라운드의 경우 보도 자체는 가능하다.
- **ATL(Above The Live)**: 4대 매체인 TV, 신문, 라디오, 잡지와 뉴미디어에 속하는 인터넷, 케이블 TV 등을 통해 직접 광고 활동을 하는 것을 말한다.
- **BTL(Below The Line)**: 전시, 스폰서십, PPL, DM 등을 이용해 소비자가 경험하고 참여함으로써 자연스럽게 구매를 유도하거나 브랜드 인지도를 상승시키는 홍보 방식을 말한다.
- **CTL(Cross-over The Line)**: ATL이나 BTL에 속하지 않는 새로운 개념의 홍보 활동. 바이럴 마케팅이나 공익활동, 커뮤니티 지원 등이 여기에 속한다.

롱런하는 광고 홍보인이 되는 법

지금까지 광고 홍보직에 입사하기 위해 필요한 것들을 알아보았다. 직무역량도 쌓고, 다양한 경험도 하고, 좁은 취업문을 뚫고 그토록 원하던 광고 홍보인이 되었다고 해서 끝난 것이 아니다. 취업 준비보다 직업인으로서 앞으로 쌓아야 할 커리어의 시간이 훨씬 더 길다. 우리는 이제 겨우 걸음마를 뗐을 뿐이다. 그렇다면 롱런하는 광고 홍보인이 되기 위해서는 어떤 노력을 기울여야 할까? 현업에 종사하고 있는 선배들은 무엇을 통해 어떤 역량을 기르고 있는지 알아보자.

··· 기획력을 기르자

"기획력? 기획자도 아닌데 웬 기획력? 광고AE만 기획력을 가지면 되는 거 아닌가요?"라고 고개를 갸우뚱할 학생들도 있겠다. 하지만 광고

뿐만 아니라 홍보담당자에게도 기획력은 필요하다. 특히, 홍보는 하나의 프로젝트를 처음부터 끝까지 기획하고 진행해야 한다. 가령, 화장품 회사의 홍보를 담당하고 있다고 예를 들어보자. 회사에서 미백 기능성 화장품을 새롭게 출시했다. 주요 타깃인 20대 여성들을 공략하기 위해 효과적인 홍보 전략을 내놓아야 한다. 20대 여성들은 새로운 화장품을 사기 전에 사용 후기를 꼼꼼하게 검색해보고 구매하는 경향이 있다는 점에 착안, 뷰티 전문 블로거들을 초청하여 신제품을 미리 체험해볼 수 있는 이벤트를 개최하기로 했다. 이벤트 장소부터 블로거 섭외, 이벤트 내용 구성, 메이크업 아티스트 섭외, 사후 후기 관리까지 모두 홍보담당자가 도맡아 해야 하는 일이다. 이런 일련의 일들을 체계적으로 준비하고 진행하려면 기획력이 뒷받침돼야 한다.

한편, 기획 단계에서는 효과적이고 소비자의 시선을 끌 수 있는 새롭고 기발한 아이디어 발굴도 중요하지만 클라이언트 혹은 상사의 마음에 들어야 함은 기본이다. 아무리 아이디어가 좋다고 해도 결정권자의 허락 없이는 프로젝트를 진행할 수 없기 때문이다. 실행 가능성도 있어야 한다. 취재 중 만난 PR컨설턴트는 "아무리 대기업이고 큰 회사라 하더라도 예산은 늘 부족하다."라고 귀띔해주었다. 또한 홍보회사에 근무하는 경우 새로운 고객을 확보해야 하고, 기존 고객도 계약이 종료되면 다시 프레젠테이션을 통해 재계약을 할 수 있도록 노력해야 하므로 기획력이 요구되는 분야는 더욱 많아진다.

이러한 기획력을 기르기 위해 현직 광고 홍보인들은 무엇을 하고 있을까? 취재하면서 만난 광고 홍보인들에게 물어본 결과, 많은 이들이 좋은 기획을 하기 위해 트렌드 파악을 게을리하지 않는다고 답했다. 주요 뉴스는 물론이고 SNS, 온라인 커뮤니티 등을 체크하면서 지금 사람들이 가장 관심이 있는 것이 무엇이고, 재미있어하는 것이 무엇인지를 파악하고 있다는 것이다. "다수의 사람들을 상대로 무언가를 보여줘야 하는 직업이니까요." 취재 중 만난 PR컨설턴트 H는 이렇게 말했다. '대중에게 무엇이 먹힐까'를 항상 생각하는 것, 그것이 좋은 기획을 하는 방법이다.

··· '잘 노는 것'이 비결

대뇌, 자율신경계와 인간의 행동, 말의 관련성을 연구해 독자적인 이론을 확립한 것으로 잘 알려진 사토 도미오 박사는 "성공은 결코 인내와 고통의 대가가 아니며, 많이 놀면 놀수록 성공한다."라고 한 바 있다. 세계적인 경영 컨설턴트 오마에 겐이치도 자신의 저서 《OFF학 – 잘 노는 사람이 성공한다》에서 적절한 휴식과 놀이는 건강한 정신과 창의력의 바탕이 된다는 의견을 피력했다. 취재 중 만난 한 광고기획자는 "다양한 경험은 취업뿐만 아니라 업무에도 많은 도움이 된다."라고 말했다. 한 PR컨설턴트는 "빈둥거리거나 주말에 피곤하다고 늦잠만 자지 말고 많이 놀아 보라. 놀면 아이디어가 생긴다."라고 조언했다. 회사를 벗어났을 때 열심히 놀아서 다양한 경험을 쌓는 것이 좋다는 얘기다. 그렇다면 대체 '잘 노는 것'은 무엇일까? 친구들을 만나서 술을 마시는 것이 '잘 노는 것'일까?

광고기획자 A는 "전시 관람 등 문화생활을 즐기거나 사이클 같은 스포츠를 한다."라고 말했다. 특히 몸을 움직여 활동하면 책상 앞에 앉아서는 도저히 생각나지 않던 새로운 아이디어가 머릿속에 떠오르기도 한다며 가만히 앉아서 머리만 굴리기 보다는 신체 활동을 하는 것이 뇌를 활성화시켜 창의력을 발휘하는 데 도움을 준다고 알려주었다.

한 PR컨설턴트는 일 년에 한 번 이상은 여행을 가려고 노력한다고 말했다. 해외여행을 가서 새로운 문화를 접해보는 것도 좋지만 꼭 해외가 아니더라도 일상을 벗어나 낯선 곳을 걸어보는 것은 몸과 마음을 재충전하는 좋은 기회가 된다.

그들이 말하는 '잘 노는 법'은 얼마 전까지 크게 유행했던 '힐링'이라는 키워드와도 닮아있다. 휴식의 질을 높여 신체와 정신을 건강하게 하는 것이다.

업무가 바쁘고 야근이 많아 피곤해서 휴일에는 집에서 쉬고 싶은데, 꼭 밖에 나가서 놀아야 하는지 라거나 여행을 가고는 싶지만 시간이 없는 이들에게는 잘 놀 수 있는 또 다른 대안이 있다. 텔레비전이나 인터넷 등의 매체를 이용하는 것이다. 앞서도 밝혔지만 광고 홍보인은 트렌드를 파악하는 것이 중요하다. 소파에 누워 TV 예능 프로그램을 보더라도 이 프로그램이 왜 사람들에게 인기가 있으며, 어떤 부분이 대중의 입맛에 맞았는가를 생각해 본다면 큰 도움이 될 것이다.

나와 맞는 회사를 찾으세요

취업을 준비하다 보면 좋은 결과보다는 나쁜 결과를 얻을 때가 더 많습니다. 열심히 스펙을 쌓고 고심해서 자기소개서를 작성했지만 서류전형에서 여러 번 탈락하기도 하고, 진지한 태도로 면접에 임했지만 불합격 통보를 받았을 때도 많습니다.

이처럼 열심히 노력했음에도 불구하고 결과가 좋지 못할 때는 대부분이 크게 실망하고, 때론 절망감이 들기도 할 것입니다. 그리고 자괴감이 들기도 하고 자신감이 떨어질 것입니다.

하지만 생각을 조금 바꿔보면 어떨까요? 내가 못나서 취업에 실패한 것이 아니라 그 회사와 내가 잘 맞지 않았기 때문에 채용이 성사되지 않은 것입니다.

실제로 미국의 취업 준비생들은 면접에서 떨어지면 나와 그 회사가 맞지 않아서라고 생각하고 본인에게 맞는 회사를 찾기 위해 노력한다고 합니다. 하지만 한국의 경우 취업 준비생들은 서류전형과 면접에서 떨어지면 내가 무언가 부족해서일 것으로 생각하고 그것을 보충하기 위해 스펙 쌓기에 열을 올리고는 합니다.

취업 준비생 여러분, 회사에 본인을 맞추는 것보다는 나와 잘 맞는 회사, 그리고 나의 능력을 잘 발휘할 수 있는 곳을 찾는데 더 많은 노력을 기울여 보면 어떨까요? 생각을 조금 바꾸는 것만으로도 훨씬 자신감 있게 취업을 준비할 수 있고 더 좋은 결과를 만들 수 있습니다.

지금 여러분이 취업되지 않은 것은 실패가 아니라 나와 잘 맞는 회사를 찾기 위한 과정일 뿐입니다.